TRANZLATY

Language is for everyone

Мова для всіх

The Call of the Wild

Поклик пращурів

Jack London

English / Українська

Into the Primitive
У первісну епоху

Buck did not read the newspapers.
Бак не читав газет.

Had he read the newspapers he would have known trouble was brewing.
Якби він читав газети, то знав би, що назрівають проблеми.

There was trouble not alone for himself, but for every tidewater dog.
Це були проблеми не лише для нього самого, а й для кожного собаки, що мешкає на припливній воді.

Every dog strong of muscle and with warm, long hair was going to be in trouble.
Кожен собака, міцний, м'язистий та з довгою теплою шерстю, мав би потрапити в халепу.

From Puget Bay to San Diego no dog could escape what was coming.
Від П'юджет-Бей до Сан-Дієго жоден собака не міг уникнути того, що мало статися.

Men, groping in the Arctic darkness, had found a yellow metal.
Чоловіки, навпомацки блукаючи в арктичній темряві, знайшли жовтий метал.

Steamship and transportation companies were chasing the discovery.
Пароплавні та транспортні компанії полювали на це відкриття.

Thousands of men were rushing into the Northland.
Тисячі чоловіків поспішали на Північ.

These men wanted dogs, and the dogs they wanted were heavy dogs.
Ці чоловіки хотіли собак, і собаки, які вони хотіли, були важкими собаками.

Dogs with strong muscles by which to toil.

Собаки з сильними м'язами, за допомогою яких можна наполегливо працювати.

Dogs with furry coats to protect them from the frost.

Собаки з пухнастою шерстю, щоб захистити їх від морозу.

Buck lived at a big house in the sun-kissed Santa Clara Valley.

Бак жив у великому будинку в сонячній долині Санта-Клара.

Judge Miller's place, his house was called.

Будинок судді Міллера, так його називали.

His house stood back from the road, half hidden among the trees.

Його будинок стояв осторонь від дороги, наполовину прихований серед дерев.

One could get glimpses of the wide veranda running around the house.

Можна було побачити широку веранду, що оточує будинок.

The house was approached by graveled driveways.

До будинку вели гравійні під'їзні шляхи.

The paths wound about through wide-spreading lawns.

Стежки звивались крізь широкі розлогі галявини.

Overhead were the interlacing boughs of tall poplars.

Над головою перепліталися гілки високих тополь.

At the rear of the house things were on even more spacious.

У задній частині будинку було ще просторіше.

There were great stables, where a dozen grooms were chatting

Там були великі стайні, де базікали з десяток конюхів

There were rows of vine-clad servants' cottages

Там були ряди хатин слуг, обшитих виноградною лозою

And there was an endless and orderly array of outhouses

І там був нескінченний та впорядкований ряд господарських приміщень

Long grape arbors, green pastures, orchards, and berry patches.

Довгі виноградні альтанки, зелені пасовища, фруктові сади та ягідні грядки.

Then there was the pumping plant for the artesian well.

Потім була насосна станція для артезіанської свердловини.

And there was the big cement tank filled with water.

А там був великий цементний резервуар, наповнений водою.

Here Judge Miller's boys took their morning plunge.

Тут хлопці судді Міллера здійснили своє ранкове купання.

And they cooled down there in the hot afternoon too.

І вони також охолоджувалися там у спекотний день.

And over this great domain, Buck was the one who ruled all of it.

І над цим великим володінням усім правив Бак.

Buck was born on this land and lived here all his four years.

Бак народився на цій землі та прожив тут усі свої чотири роки.

There were indeed other dogs, but they did not truly matter.

Дійсно, були й інші собаки, але вони насправді не мали значення.

Other dogs were expected in a place as vast as this one.

У такому величезному місці, як це, очікували інших собак.

These dogs came and went, or lived inside the busy kennels.

Ці собаки приходили та йшли, або жили в людних вольєрах.

Some dogs lived hidden in the house, like Toots and Ysabel did.

Деякі собаки жили захованими в будинку, як-от Тутс та Ізабель.

Toots was a Japanese pug, Ysabel a Mexican hairless dog.

Тутс був японським мопсом, а Ізабель — мексиканською лисою собакою.

These strange creatures rarely stepped outside the house.

Ці дивні істоти рідко виходили за межі дому.

They did not touch the ground, nor sniff the open air outside.

Вони не торкалися землі і не нюхали відкритого повітря надворі.

There were also the fox terriers, at least twenty in number.

Були також фокстер'єри, щонайменше двадцять штук.

These terriers barked fiercely at Toots and Ysabel indoors.

Ці тер'єри люто гавкали на Тутса та Ізабель у приміщенні.

Toots and Ysabel stayed behind windows, safe from harm.

Тутс та Ізабель залишилися за вікнами, у безпеці від небезпеки.

They were guarded by housemaids with brooms and mops.

Їх охороняли служниці з мітлами та швабрами.

But Buck was no house-dog, and he was no kennel-dog either.

Але Бак не був домашнім собакою, і він також не був собакою для собачої собачки.

The entire property belonged to Buck as his rightful realm.

Вся власність належала Баку як його законне володіння.

Buck swam in the tank or went hunting with the Judge's sons.

Бак плавав у акваріумі або ходив на полювання з синами судді.

He walked with Mollie and Alice in the early or late hours.

Він гуляв з Моллі та Алісою рано чи пізно вранці.

On cold nights he lay before the library fire with the Judge.

Холодними ночами він лежав біля каміна в бібліотеці разом із суддею.

Buck gave rides to the Judge's grandsons on his strong back.

Бак возив онуків Судді на своїй міцній спині.

He rolled in the grass with the boys, guarding them closely.

Він валявся в траві з хлопцями, пильно їх охороняючи.

They ventured to the fountain and even past the berry fields.

Вони наважилися підійти до фонтану і навіть пройшли повз ягідні поля.

Among the fox terriers, Buck walked with royal pride always.

Серед фокстер'єрів Бак завжди ходив з королівською гордістю.

He ignored Toots and Ysabel, treating them like they were air.
Він ігнорував Тутса та Ізабель, ставлячись до них, ніби вони були повітрям.

Buck ruled over all living creatures on Judge Miller's land.
Бак панував над усіма живими істотами на землі судді Міллера.

He ruled over animals, insects, birds, and even humans.
Він панував над тваринами, комахами, птахами і навіть людьми.

Buck's father Elmo had been a huge and loyal St. Bernard.
Батько Бака, Елмо, був величезним і відданим сенбернаром.

Elmo never left the Judge's side, and served him faithfully.
Елмо ніколи не відходив від Судді та вірно служив йому.

Buck seemed ready to follow his father's noble example.
Здавалося, Бак був готовий наслідувати благородний приклад свого батька.

Buck was not quite as large, weighing one hundred and forty pounds.
Бак був не такий великий, важив сто сорок фунтів.

His mother, Shep, had been a fine Scotch shepherd dog.
Його мати, Шеп, була чудовою шотландською вівчаркою.

But even at that weight, Buck walked with regal presence.
Але навіть з такою вагою Бак йшов з королівською повагою.

This came from good food and the respect he always received.
Це походило від смачної їжі та поваги, яку він завжди отримував.

For four years, Buck had lived like a spoiled nobleman.
Чотири роки Бак жив як розпещений дворянин.

He was proud of himself, and even slightly egotistical.
Він пишався собою і навіть трохи егоїстично ставився.

That kind of pride was common in remote country lords.
Така гордість була поширена серед володарів віддалених сільських районів.

But Buck saved himself from becoming pampered house-dog.

Але Бак врятував себе від того, щоб стати розпещеним домашнім собакою.

He stayed lean and strong through hunting and exercise.

Він залишався струнким і сильним завдяки полюванню та фізичним вправам.

He loved water deeply, like people who bathe in cold lakes.

Він глибоко любив воду, як люди, що купаються в холодних озерах.

This love for water kept Buck strong, and very healthy.

Ця любов до води зберегла Бака сильним і дуже здоровим.

This was the dog Buck had become in the fall of 1897.

Таким собакою став Бак восени 1897 року.

When the Klondike strike pulled men to the frozen North.

Коли удар на Клондайку відтягнув чоловіків на замерзлу Північ.

People rushed from all over the world into the cold land.

Люди з усього світу кинулися в холодну землю.

Buck, however, did not read the papers, nor understand news.

Бак, однак, не читав газет і не розумів новин.

He did not know Manuel was a bad man to be around.

Він не знав, що Мануель — погана людина.

Manuel, who helped in the garden, had a deep problem.

Мануель, який допомагав у саду, мав серйозну проблему.

Manuel was addicted to gambling in the Chinese lottery.

Мануель був залежним від азартних ігор у китайській лотереї.

He also believed strongly in a fixed system for winning.

Він також твердо вірив у фіксовану систему перемоги.

That belief made his failure certain and unavoidable.

Ця віра робила його невдачу неминучою та неминучою.

Playing a system demands money, which Manuel lacked.

Гра за системою вимагає грошей, яких у Мануеля не було.

His pay barely supported his wife and many children.

Його зарплата ледве дозволяла утримувати дружину та численних дітей.

On the night Manuel betrayed Buck, things were normal.

У ніч, коли Мануель зрадив Бака, все було нормально.

The Judge was at a Raisin Growers' Association meeting.

Суддя був на зустрічі Асоціації виробників родзинок.

The Judge's sons were busy forming an athletic club then.

Сини судді тоді були зайняті створенням спортивного клубу.

No one saw Manuel and Buck leaving through the orchard.

Ніхто не бачив, як Мануель і Бак йшли через сад.

Buck thought this walk was just a simple nighttime stroll.

Бак подумав, що ця прогулянка була простою нічною прогулянкою.

They met only one man at the flag station, in College Park.

На станції прапорів у Коледж-Парку вони зустріли лише одного чоловіка.

That man spoke to Manuel, and they exchanged money.

Той чоловік поговорив з Мануелем, і вони обмінялися грошима.

"Wrap up the goods before you deliver them," he suggested.

«Запакуйте товари, перш ніж доставляти їх», – запропонував він.

The man's voice was rough and impatient as he spoke.

Голос чоловіка був грубим і нетерплячим, коли він говорив.

Manuel carefully tied a thick rope around Buck's neck.

Мануель обережно обв'язав товсту мотузку навколо шиї Бака.

"Twist the rope, and you'll choke him plenty"

«Скрутиш мотузку — і ти його як слід задушиш»

The stranger gave a grunt, showing he understood well.

Незнайомець щось пробурмотів, показуючи, що добре зрозумів.

Buck accepted the rope with calm and quiet dignity that day.

Того дня Бак прийняв мотузку спокійно та тихо з гідністю.

It was an unusual act, but Buck trusted the men he knew.

Це був незвичайний вчинок, але Бак довіряв чоловікам, яких знав.

He believed their wisdom went far beyond his own thinking.

Він вважав, що їхня мудрість виходить далеко за межі його власного мислення.

But then the rope was handed to the hands of the stranger.

Але потім мотузку передали до рук незнайомця.

Buck gave a low growl that warned with quiet menace.

Бак тихо загарчав, але з тихою загрозою.

He was proud and commanding, and meant to show his displeasure.

Він був гордий і владний, і мав намір показати своє невдоволення.

Buck believed his warning would be understood as an order.

Бак вважав, що його попередження буде сприйнято як наказ.

To his shock, the rope tightened fast around his thick neck.

На його подив, мотузка міцно затягнулася навколо його товстої шиї.

His air was cut off and he began to fight in a sudden rage.

Йому перехопило повітря, і він почав битися в раптовому гніві.

He sprang at the man, who quickly met Buck in mid-air.

Він стрибнув на чоловіка, який швидко зустрів Бака в повітрі.

The man grabbed Buck's throat and skillfully twisted him in the air.

Чоловік схопив Бака за горло та вміло скрутив його в повітрі.

Buck was thrown down hard, landing flat on his back.

Бака сильно кинуло вниз, і він приземлився ниць на спину.

The rope now choked him cruelly while he kicked wildly.

Мотузка жорстоко душила його, поки він шалено бив ногами.

His tongue fell out, his chest heaved, but gained no breath.

Його язик випав, груди здіймалися, але дихання не відбувалося.

He had never been treated with such violence in his life.

З ним ніколи в житті не поводилися так жорстоко.

He had also never been filled with such deep fury before.

Він також ніколи раніше не був сповнений такої глибокої люті.

But Buck's power faded, and his eyes turned glassy.

Але сила Бака зникла, а його очі стали скляними.

He passed out just as a train was flagged down nearby.

Він знепритомнів саме тоді, коли неподалік зупинився поїзд.

Then the two men tossed him into the baggage car quickly.

Потім двоє чоловіків швидко кинули його у багажний вагон.

The next thing Buck felt was pain in his swollen tongue.

Наступне, що Бак відчув, був біль у набряклому язиці.

He was moving in a shaking cart, only dimly conscious.

Він рухався у тремтячому візку, ледь притомний.

The sharp scream of a train whistle told Buck his location.

Різкий свист поїзда підказав Баку його місцезнаходження.

He had often ridden with the Judge and knew the feeling.

Він часто їздив верхи з Суддею і знав це відчуття.

It was the unique jolt of traveling in a baggage car again.

Це було неповторне відчуття від подорожі у багажному вагоні знову.

Buck opened his eyes, and his gaze burned with rage.

Бак розплющив очі, і його погляд палав люттю.

This was the anger of a proud king taken from his throne.

Це був гнів гордого царя, скинутого з трону.

A man reached to grab him, but Buck struck first instead.

Чоловік простягнув руку, щоб схопити його, але Бак вдарив першим.

He sank his teeth into the man's hand and held tightly.

Він вп'явся зубами в руку чоловіка і міцно тримав.

He did not let go until he blacked out a second time.

Він не відпускав, аж поки вдруге не знепритомнів.

"Yep, has fits," the man muttered to the baggageman.

«Так, у нього припадки», — пробурмотів чоловік багажнику.

The baggageman had heard the struggle and come near.

Багажник почув боротьбу і підійшов ближче.

"I'm taking him to 'Frisco for the boss," the man explained.

«Я везу його до Фріско до боса», — пояснив чоловік.

"There's a fine dog-doctor there who says he can cure them."

«Там є чудовий собаківник, який каже, що може їх вилікувати».

Later that night the man gave his own full account.

Пізніше того ж вечора чоловік дав свою повну розповідь.

He spoke from a shed behind a saloon on the docks.

Він говорив з сараю за салуном на доках.

"All I was given was fifty dollars," he complained to the saloon man.

«Мені дали лише п'ятдесят доларів», – поскаржився він працівнику салуну.

"I wouldn't do it again, not even for a thousand in cold cash."

«Я б не зробив цього знову, навіть за тисячу готівкою».

His right hand was tightly wrapped in a bloody cloth.

Його права рука була щільно обмотана закривавленою тканиною.

His trouser leg was torn wide open from knee to foot.

Його штанина була розірвана від коліна до п'яти.

"How much did the other mug get paid?" asked the saloon man.

«Скільки отримав інший кухоль?» — спитав працівник салуну.

"A hundred," the man replied, "he wouldn't take a cent less."

«Сотню», — відповів чоловік, — «він не візьме ні цента менше».

"That comes to a hundred and fifty," the saloon man said.

«Виходить сто п'ятдесят», — сказав працівник салуну.

"And he's worth it all, or I'm no better than a blockhead."

«І він вартий усього цього, бо інакше я не кращий за йолопа».

The man opened the wrappings to examine his hand.

Чоловік розгорнув обгортку, щоб оглянути свою руку.

The hand was badly torn and crusted in dried blood.

Рука була сильно порвана та вкрита кіркою засохлої крові.

"If I don't get the hydrophobia…" he began to say.

«Якщо в мене не почнеться гідрофобія…» — почав він.

"It'll be because you were born to hang," came a laugh.

«Це буде тому, що ти народився вішати», — пролунав сміх.

"Come help me out before you get going," he was asked.

«Допоможи мені, перш ніж ти підеш», – попросили його.

Buck was in a daze from the pain in his tongue and throat.

Бак був приголомшений болем у язиці та горлі.

He was half-strangled, and could barely stand upright.

Він був наполовину задушений і ледве міг стояти на ногах.

Still, Buck tried to face the men who had hurt him so.

І все ж Бак намагався дивитися в очі чоловікам, які так його образили.

But they threw him down and choked him once again.

Але вони знову кинули його на землю та задушили.

Only then could they saw off his heavy brass collar.

Тільки тоді вони змогли відпиляти його важкий латунний нашийник.

They removed the rope and shoved him into a crate.

Вони зняли мотузку та запхали його в клітку.

The crate was small and shaped like a rough iron cage.

Ящик був невеликий і за формою нагадував грубу залізну клітку.

Buck lay there all night, filled with wrath and wounded pride.

Бак пролежав там усю ніч, сповнений гніву та ображеної гордості.

He could not begin to understand what was happening to him.

Він ніяк не міг зрозуміти, що з ним відбувається.

Why were these strange men keeping him in this small crate?

Чому ці дивні чоловіки тримали його в цій маленькій клітці?

What did they want with him, and why this cruel captivity?

Чого вони від нього хотіли, і чому цей жорстокий полон?

He felt a dark pressure; a sense of disaster drawing closer.

Він відчував темний тиск; відчуття наближення катастрофи.

It was a vague fear, but it settled heavily on his spirit.

Це був нечіткий страх, але він важко дав йому на душу.

Several times he jumped up when the shed door rattled.

Кілька разів він підстрибував, коли двері сараю загуркотіли.

He expected the Judge or the boys to appear and rescue him.

Він очікував, що з'явиться Суддя або хлопці та врятує його.

But only the saloon-keeper's fat face peeked inside each time.

Але щоразу всередину заглядало лише огрядне обличчя власника салуну.

The man's face was lit by the dim glow of a tallow candle.

Обличчя чоловіка освітлювало тьмяне сяйво сальній свічки.

Each time, Buck's joyful bark changed to a low, angry growl.

Щоразу радісний гавкіт Бака змінювався низьким, сердитим гарчанням.

The saloon-keeper left him alone for the night in the crate

Власник салуну залишив його самого на ніч у клітці.

But when he awoke in the morning more men were coming.

Але коли він прокинувся вранці, наближалося ще більше чоловіків.

Four men came and gingerly picked up the crate without a word.

Підійшли четверо чоловіків і обережно підняли ящик, не кажучи ні слова.

Buck knew at once the situation he found himself in.

Бак одразу зрозумів, у якому становищі він опинився.

They were further tormentors that he had to fight and fear.

Вони були ще більшими мучителями, з якими йому доводилося боротися та яких він боявся.

These men looked wicked, ragged, and very badly groomed.

Ці чоловіки виглядали злими, обшарпаними та дуже погано доглянутими.

Buck snarled and lunged at them fiercely through the bars.

Бак загарчав і люто кинувся на них крізь грати.

They just laughed and jabbed at him with long wooden sticks.

Вони лише сміялися та тикали його довгими дерев'яними палицями.

Buck bit at the sticks, then realized that was what they liked.

Бак покусував палиці, а потім зрозумів, що саме це їм і подобається.

So he lay down quietly, sullen and burning with quiet rage.

Тож він ліг тихо, похмурий і палаючи тихою люттю.

They lifted the crate into a wagon and drove away with him.

Вони завантажили ящик у фургон і поїхали з ним.

The crate, with Buck locked inside, changed hands often.

Ящик, в якому був замкнений Бак, часто переходив з рук в руки.

Express office clerks took charge and handled him briefly.

Клерки експрес-відділення взялися за справу та коротко з ним розібралися.

Then another wagon carried Buck across the noisy town.

Потім інший фургон повіз Бака через галасливе місто.

A truck took him with boxes and parcels onto a ferry boat.

Вантажівка з коробками та посилками завезла його на пором.

After crossing, the truck unloaded him at a rail depot.

Після перетину вантажівка вивантажила його на залізничному депо.

At last, Buck was placed inside a waiting express car.

Нарешті Бака посадили у вагон експреса, що чекав.

For two days and nights, trains pulled the express car away.

Протягом двох днів і ночей поїзди тягнули швидкісний вагон геть.

Buck neither ate nor drank during the whole painful journey.

Бак не їв і не пив протягом усієї болісної подорожі.

When the express messengers tried to approach him, he growled.

Коли кур'єри спробували підійти до нього, він загарчав.

They responded by mocking him and teasing him cruelly.

Вони відповіли, насміхаючись з нього та жорстоко дражнячи його.

Buck threw himself at the bars, foaming and shaking

Бак кинувся на грати, пінився і тремтів.

they laughed loudly, and taunted him like schoolyard bullies.

вони голосно сміялися та знущалися з нього, як шкільні хулігани.

They barked like fake dogs and flapped their arms.

Вони гавкали, як фальшиві собаки, і розмахували руками.

They even crowed like roosters just to upset him more.

Вони навіть кукурікали, як півні, тільки щоб ще більше його засмутити.

It was foolish behavior, and Buck knew it was ridiculous.

Це була дурна поведінка, і Бак знав, що це смішно.

But that only deepened his sense of outrage and shame.

Але це лише посилило його почуття обурення та сорому.

He was not bothered much by hunger during the trip.

Під час подорожі його не дуже турбував голод.

But thirst brought sharp pain and unbearable suffering.

Але спрага приносила гострий біль і нестерпні страждання.

His dry, inflamed throat and tongue burned with heat.

Його сухе, запалене горло та язик пекли від жару.

This pain fed the fever rising within his proud body.

Цей біль підживлював жар, що піднімався в його гордому тілі.

Buck was thankful for one single thing during this trial.

Бак був вдячний за одну єдину річ під час цього випробування.

The rope had been removed from around his thick neck.

Мотузку зняли з його товстої шиї.

The rope had given those men an unfair and cruel advantage.

Мотузка дала цим чоловікам несправедливу та жорстоку перевагу.

Now the rope was gone, and Buck swore it would never return.

Тепер мотузки не було, і Бак клявся, що вона ніколи не повернеться.

He resolved no rope would ever go around his neck again.

Він вирішив, що жодна мотузка більше ніколи не обв'яже його шию.

For two long days and nights, he suffered without food.

Протягом двох довгих днів і ночей він страждав без їжі.

And in those hours, he built up an enormous rage inside.

І в ці години він накопичив у собі величезну лють.

His eyes turned bloodshot and wild from constant anger.

Його очі налилися кров'ю та стали дикими від постійного гніву.

He was no longer Buck, but a demon with snapping jaws.

Він більше не був Баком, а демоном із клацаючими щелепами.

Even the Judge would not have known this mad creature.

Навіть Суддя не впізнав би цю божевільну істоту.

The express messengers sighed in relief when they reached Seattle

Кур'єри зітхнули з полегшенням, коли дісталися до Сіетла.

Four men lifted the crate and brought it to a back yard.

Четверо чоловіків підняли ящик і винесли його на задній двір.

The yard was small, surrounded by high and solid walls.

Двір був невеликий, оточений високими та міцними стінами.

A big man stepped out in a sagging red sweater shirt.
Звідти вийшов кремезний чоловік у обвислій червоній
сорочці-светрі.

He signed the delivery book with a thick and bold hand.
Він підписав книгу прийому-передачі товстим і жирним
почерком.

Buck sensed at once that this man was his next tormentor.
Бак одразу відчув, що цей чоловік — його наступний
мучитель.

He lunged violently at the bars, eyes red with fury.
Він люто кинувся на ґрати, його очі були червоні від люті.

The man just smiled darkly and went to fetch a hatchet.
Чоловік лише похмуро посміхнувся та пішов по сокирку.

He also brought a club in his thick and strong right hand.
Він також приніс палицю у своїй товстій і сильній правій
руці.

**"You going to take him out now?" the driver asked,
concerned.**
«Ви його зараз вивезете?» — стурбовано запитав водій.

**"Sure," said the man, jamming the hatchet into the crate as a
lever.**
«Звичайно», — сказав чоловік, встромляючи сокирку в
ящик як важіль.

**The four men scattered instantly, jumping up onto the yard
wall.**
Четверо чоловіків миттєво розбіглися, пострибавши на
стіну подвір'я.

**From their safe spots above, they waited to watch the
spectacle.**
Зі своїх безпечних місць угорі вони чекали, щоб
спостерігати за видовищем.

**Buck lunged at the splintered wood, biting and shaking
fiercely.**
Бак кинувся на розколотий ґрунт, кусаючись і люто
трясучись.

**Each time the hatchet hit the cage), Buck was there to attack
it.**

Щоразу, як сокира влучала в клітку, Бак був там, щоб напасти на неї.

He growled and snapped with wild rage, eager to be set free.

Він гарчав і огризався з дикою люттю, прагнучи звільнитися.

The man outside was calm and steady, intent on his task.

Чоловік надворі був спокійний і врівноважений, зосереджений на своєму завданні.

"Right then, you red-eyed devil," he said when the hole was large.

«Гаразд, червоноокий дияволе», — сказав він, коли діра стала великою.

He dropped the hatchet and took the club in his right hand.

Він кинув сокирку і взяв палицю в праву руку.

Buck truly looked like a devil; eyes bloodshot and blazing.

Бак справді був схожий на диявола; очі налиті кров'ю та палахкотливі.

His coat bristled, foam frothed at his mouth, eyes glinting.

Його пальто стало дибки, піна виступала з рота, очі блищали.

He bunched his muscles and sprang straight at the red sweater.

Він напружив м'язи та кинувся прямо на червоний светр.

One hundred and forty pounds of fury flew at the calm man.

Сто сорок фунтів люті полетіли на спокійного чоловіка.

Just before his jaws clamped shut, a terrible blow struck him.

Якраз перед тим, як його щелепи стиснулися, його вдарив жахливий удар.

His teeth snapped together on nothing but air

Його зуби клацнули, не обхопивши нічого, крім повітря.

a jolt of pain reverberated through his body

по його тілу пронизав приплив болю

He flipped midair and crashed down on his back and side.

Він перевернувся в повітрі та впав на спину та бік.

He had never before felt a club's blow and could not grasp it.

Він ніколи раніше не відчував удару палицею і не міг його збагнути.

With a shrieking snarl, part bark, part scream, he leaped again.

З пронизливим гарчанням, частково гавкотом, частково криком, він знову стрибнув.

Another brutal strike hit him and hurled him to the ground.

Ще один жорстокий удар вдарив його та кинув на землю.

This time Buck understood—it was the man's heavy club.

Цього разу Бак зрозумів — це була важка палиця цього чоловіка.

But rage blinded him, and he had no thought of retreat.

Але лють засліпила його, і він не думав про відступ.

Twelve times he launched himself, and twelve times he fell.

Дванадцять разів він кидався вперед і дванадцять разів падав.

The wooden club smashed him each time with ruthless, crushing force.

Дерев'яна палиця щоразу розбивала його з безжальною, нищівною силою.

After one fierce blow, he staggered to his feet, dazed and slow.

Після одного сильного удару він, приголомшений і повільний, похитуючись підвівся на ноги.

Blood ran from his mouth, his nose, and even his ears.

Кров текла з його рота, носа і навіть вух.

His once-beautiful coat was smeared with bloody foam.

Його колись гарне пальто було заляпане кривавою піною.

Then the man stepped up and struck a wicked blow to the nose.

Тоді чоловік підійшов і завдав жорстокого удару в ніс.

The agony was sharper than anything Buck had ever felt.

Біль був сильнішим за будь-що, що Бак коли-небудь відчував.

With a roar more beast than dog, he leaped again to attack.

З ревом, скоріше звіриним, ніж собачим, він знову стрибнув в атаку.

But the man caught his lower jaw and twisted it backward.
Але чоловік схопив його за нижню щелепу та вивернув її назад.

Buck flipped head over heels, crashing down hard again.
Бак перевернувся головою догори ногами та знову сильно впав.

One final time, Buck charged at him, now barely able to stand.
Востаннє Бак кинувся на нього, ледве тримаючись на ногах.

The man struck with expert timing, delivering the final blow.
Чоловік завдав вирішального удару з влучним моментом.

Buck collapsed in a heap, unconscious and unmoving.
Бак звалився купою, непритомний і нерухомий.

"He's no slouch at dog-breaking, that's what I say," a man yelled.
«Він не лайно чіпляється до собак, ось що я кажу», — крикнув чоловік.

"Druther can break the will of a hound any day of the week."
«Друтер може зламати волю пса будь-якого дня тижня».

"And twice on a Sunday!" added the driver.
«І двічі в неділю!» — додав водій.

He climbed into the wagon and cracked the reins to leave.
Він заліз у віз і смикнув поводи, щоб вирушити.

Buck slowly regained control of his consciousness
Бак повільно відновлював контроль над своєю свідомістю

but his body was still too weak and broken to move.
але його тіло було все ще надто слабке та зламане, щоб рухатися.

He lay where he had fallen, watching the red-sweatered man.
Він лежав там, де впав, спостерігаючи за чоловіком у червоному светрі.

"He answers to the name of Buck," the man said, reading aloud.

«Він відгукується на ім'я Бак», — сказав чоловік, читаючи вголос.

He quoted from the note sent with Buck's crate and details.

Він процитував записку, надіслану разом із ящиком Бака, та подробиці.

"Well, Buck, my boy," the man continued with a friendly tone,

«Ну, Баку, хлопчику мій», — продовжив чоловік дружнім тоном,

"we've had our little fight, and now it's over between us."

«Ми вже трохи посварилися, і тепер між нами все скінчено».

"You've learned your place, and I've learned mine," he added.

«Ти зрозумів своє місце, а я своє», – додав він.

"Be good, and all will go well, and life will be pleasant."

«Будьте добрими, і все буде добре, а життя буде приємним».

"But be bad, and I'll beat the stuffing out of you, understand?"

«Але будь поганим, і я тебе відлупцюю, зрозумів?»

As he spoke, he reached out and patted Buck's sore head.

Говорячи, він простягнув руку і поплескав Бака по хворій голові.

Buck's hair rose at the man's touch, but he didn't resist.

Волосся Бака стало дибки від дотику чоловіка, але він не чинив опору.

The man brought him water, which Buck drank in great gulps.

Чоловік приніс йому води, яку Бак випив великими ковтками.

Then came raw meat, which Buck devoured chunk by chunk.

Потім було сире м'ясо, яке Бак пожирав шматок за шматком.

He knew he was beaten, but he also knew he wasn't broken.

Він знав, що його перемогли, але він також знав, що не зламаний.

He had no chance against a man armed with a club.
У нього не було жодних шансів проти чоловіка, озброєного кийком.

He had learned the truth, and he never forgot that lesson.
Він пізнав правду і ніколи не забував цього уроку.

That weapon was the beginning of law in Buck's new world.
Ця зброя стала початком права в новому світі Бака.

It was the start of a harsh, primitive order he could not deny.
Це був початок суворого, примітивного порядку, який він не міг заперечити.

He accepted the truth; his wild instincts were now awake.
Він прийняв правду; його дикі інстинкти тепер прокинулися.

The world had grown harsher, but Buck faced it bravely.
Світ став суворішим, але Бак мужньо з цим зіткнувся.

He met life with new caution, cunning, and quiet strength.
Він зустрів життя з новою обережністю, хитрістю та тихою силою.

More dogs arrived, tied in ropes or crates like Buck had been.
Прибуло ще собак, прив'язаних мотузками або клітками, як і Бака.

Some dogs came calmly, others raged and fought like wild beasts.
Деякі собаки приходили спокійно, інші лютували та билися, як дикі звірі.

All of them were brought under the rule of the red-sweatered man.
Усіх їх підкорили чоловікові в червоному светрі.

Each time, Buck watched and saw the same lesson unfold.
Щоразу Бак спостерігав і бачив, як розгортається той самий урок.

The man with the club was law; a master to be obeyed.
Чоловік з палицею був законом; господарем, якому треба було слухатися.

He did not need to be liked, but he had to be obeyed.

Йому не потрібно було подобатися, але йому потрібно було слухатися.

Buck never fawned or wagged like the weaker dogs did.

Бак ніколи не підлабузувався і не виляв лапами, як це робили слабші собаки.

He saw dogs that were beaten and still licked the man's hand.

Він побачив побитих собак і все одно лизав руку чоловіка.

He saw one dog who would not obey or submit at all.

Він побачив одного собаку, який зовсім не слухався і не підкорявся.

That dog fought until he was killed in the battle for control.

Той собака бився, доки його не вбили в битві за контроль.

Strangers would sometimes come to see the red-sweatered man.

Іноді до чоловіка в червоному светрі приходили незнайомці.

They spoke in strange tones, pleading, bargaining, and laughing.

Вони розмовляли дивними тонами, благали, торгувалися та сміялися.

When money was exchanged, they left with one or more dogs.

Коли обмінювали гроші, вони йшли з одним або кількома собаками.

Buck wondered where these dogs went, for none ever returned.

Бак задумався, куди поділися ці собаки, бо жоден з них так і не повернувся.

fear of the unknown filled Buck every time a strange man came

Страх невідомого сповнював Бака щоразу, коли приходив незнайомий чоловік

he was glad each time another dog was taken, rather than himself.

Він радів щоразу, коли забирали іншого собаку, а не себе.

But finally, Buck's turn came with the arrival of a strange man.

Але нарешті настала черга Бака з приходом дивного чоловіка.

He was small, wiry, and spoke in broken English and curses.

Він був маленький, жилистий, розмовляв ламаною англійською та лаявся.

"Sacredam!" he yelled when he laid eyes on Buck's frame.

«Святий!» — крикнув він, побачивши Бака.

"That's one damn bully dog! Eh? How much?" he asked aloud.

«Ось який клятий пес-хуліган! Га? Скільки?» — спитав він уголос.

"Three hundred, and he's a present at that price,"

«Триста, і за таку ціну він — справжній подарунок»,

"Since it's government money, you shouldn't complain, Perrault."

«Оскільки це державні гроші, тобі не варто скаржитися, Перро».

Perrault grinned at the deal he had just made with the man.

Перро посміхнувся угоді, яку щойно уклав з цим чоловіком.

The price of dogs had soared due to the sudden demand.

Ціна на собак різко зросла через раптовий попит.

Three hundred dollars wasn't unfair for such a fine beast.

Триста доларів – це не шкода для такого чудового звіра.

The Canadian Government would not lose anything in the deal

Уряд Канади нічого не втратить від угоди

Nor would their official dispatches be delayed in transit.

Також їхні офіційні відправлення не затримуватимуться під час транспортування.

Perrault knew dogs well, and could see Buck was something rare.

Перро добре знав собак і бачив, що Бак — це щось рідкісне.

"One in ten ten-thousand," he thought, as he studied Buck's build.

«Один з десяти десяти тисяч», – подумав він, вивчаючи статуру Бака.

Buck saw the money change hands, but showed no surprise.

Бак бачив, як гроші переходили з рук в руки, але не виявляв здивування.

Soon he and Curly, a gentle Newfoundland, were led away.

Невдовзі його та Кучерява, лагідного ньюфаундленда, повели геть.

They followed the little man from the red sweater's yard.

Вони пішли за маленьким чоловічком з подвір'я червоного светра.

That was the last Buck ever saw of the man with the wooden club.

Це був останній раз, коли Бак бачив чоловіка з дерев'яною палицею.

From the Narwhal's deck he watched Seattle fade into the distance.

З палуби «Нарвала» він спостерігав, як Сіетл зникає вдалині.

It was also the last time he ever saw the warm Southland.

Це також був останній раз, коли він бачив теплу Південну землю.

Perrault took them below deck, and left them with François.

Перро відвів їх під палубу і залишив із Франсуа.

François was a black-faced giant with rough, calloused hands.

Франсуа був чорнолицим велетнем із шорсткими, мозолистими руками.

He was dark and swarthy; a half-breed French-Canadian.

Він був темноволосий і смаглявий; метис франкоканадця.

To Buck, these men were of a kind he had never seen before.

Бак здавався йому такими, яких він ніколи раніше не бачив.

He would come to know many such men in the days ahead.

У найближчі дні він познайомиться з багатьма такими чоловіками.

He did not grow fond of them, but he came to respect them.
Він не полюбив їх, але почав поважати.

They were fair and wise, and not easily fooled by any dog.
Вони були справедливими та мудрими, і жодному собаці їх нелегко було обдурити.

They judged dogs calmly, and punished only when deserved.
Вони спокійно судили собак і карали лише тоді, коли вони були на це заслуговували.

In the Narwhal's lower deck, Buck and Curly met two dogs.
На нижній палубі «Нарвала» Бак і Кучерява зустріли двох собак.

One was a large white dog from far-off, icy Spitzbergen.
Один з них був великий білий собака з далекого, крижаного Шпіцбергена.

He'd once sailed with a whaler and joined a survey group.
Колись він плавав з китобійним судном і приєднався до дослідницької групи.

He was friendly in a sly, underhanded and crafty fashion.
Він був дружелюбним, але хитрим, підступним та хитрим.

At their first meal, he stole a piece of meat from Buck's pan.
Під час їхнього першого прийому їжі він украв шматок м'яса з Бакової сковороди.

Buck jumped to punish him, but François's whip struck first.
Бак стрибнув, щоб покарати його, але батіг Франсуа вдарив першим.

The white thief yelped, and Buck reclaimed the stolen bone.
Білий злодій скрикнув, і Бак забрав собі вкрадену кістку.

That fairness impressed Buck, and François earned his respect.
Така справедливість вразила Бака, і Франсуа заслужив його повагу.

The other dog gave no greeting, and wanted none in return.

Інший собака не привітався і не потребував жодної відповіді у відповідь.

He didn't steal food, nor sniff at the new arrivals with interest.

Він не крав їжі і не обнюхував новоприбулих з цікавістю.

This dog was grim and quiet, gloomy and slow-moving.

Цей собака був похмурим і тихим, похмурим і повільним.

He warned Curly to stay away by simply glaring at her.

Він попередив Кучерява триматися подалі, просто глянувши на неї.

His message was clear; leave me alone or there'll be trouble.

Його послання було чітким: залиште мене в спокої, або будуть проблеми.

He was called Dave, and he barely noticed his surroundings.

Його звали Дейв, і він ледве помічав, що відбувається навколо.

He slept often, ate quietly, and yawned now and again.

Він часто спав, тихо їв і час від часу позіхав.

The ship hummed constantly with the beating propeller below.

Корабель безперервно гудів, а внизу бив гвинт.

Days passed with little change, but the weather got colder.

Дні минали майже без змін, але погода ставала холоднішою.

Buck could feel it in his bones, and noticed the others did too.

Бак відчував це аж до кісток і помітив, що інші теж.

Then one morning, the propeller stopped and all was still.

Потім одного ранку пропелер зупинився, і все стихло.

An energy swept through the ship; something had changed.

Корабель пронизала енергія; щось змінилося.

François came down, clipped them on leashes, and brought them up.

Франсуа спустився вниз, прив'язав їх на повідки та вивів нагору.

Buck stepped out and found the ground soft, white, and cold.

Бак вийшов і побачив, що земля м'яка, біла та холодна.

He jumped back in alarm and snorted in total confusion.

Він стривожено відскочив назад і пирхнув у повній розгубленості.

Strange white stuff was falling from the gray sky.

З сірого неба падала дивна біла речовина.

He shook himself, but the white flakes kept landing on him.

Він струсив себе, але білі смужки продовжували падати на нього.

He sniffed the white stuff carefully and licked at a few icy bits.

Він обережно понюхав білу речовину та злизав кілька крижаних шматочків.

The powder burned like fire, then vanished right off his tongue.

Порошок пек, як вогонь, а потім просто зник з його язика.

Buck tried again, puzzled by the odd vanishing coldness.

Бак спробував ще раз, здивований дивним зникаючим холодом.

The men around him laughed, and Buck felt embarrassed.

Чоловіки навколо нього засміялися, і Баку стало ніяково.

He didn't know why, but he was ashamed of his reaction.

Він не знав чому, але йому було соромно за свою реакцію.

It was his first experience with snow, and it confused him.

Це був його перший досвід зі снігом, і це його збентежило.

The Law of Club and Fang
Закон палиці та ікла

Buck's first day on the Dyea beach felt like a terrible nightmare.

Перший день Бака на пляжі Дайя був схожий на жахливий кошмар.

Each hour brought new shocks and unexpected changes for Buck.

Кожна година приносила Баку нові сюрпризи та несподівані зміни.

He had been pulled from civilization and thrown into wild chaos.

Його вирвали з цивілізації та кинули в дикий хаос.

This was no sunny, lazy life with boredom and rest.

Це не було сонячне, ліниве життя з нудьгою та відпочинком.

There was no peace, no rest, and no moment without danger.

Не було ні спокою, ні відпочинку, ні хвилини без небезпеки.

Confusion ruled everything, and danger was always close.

Усім панувала плутанина, а небезпека завжди була поруч.

Buck had to stay alert because these men and dogs were different.

Баку доводилося бути напоготові, бо ці чоловіки та собаки були іншими.

They were not from towns; they were wild and without mercy.

Вони не були з міст; вони були дикі та безжальні.

These men and dogs only knew the law of club and fang.

Ці чоловіки та собаки знали лише закон палиці та ікла.

Buck had never seen dogs fight like these savage huskies.

Бак ніколи не бачив, щоб собаки билися так, як ці дикі хаскі.

His first experience taught him a lesson he would never forget.

Його перший досвід навчив його уроку, який він ніколи не забуде.

He was lucky it was not him, or he would have died too.

Йому пощастило, що це був не він, інакше він би теж загинув.

Curly was the one who suffered while Buck watched and learned.

Кучерява був тим, хто страждав, поки Бак спостерігав і навчався.

They had made camp near a store built from logs.

Вони розбили табір біля магазину, збудованого з колод.

Curly tried to be friendly to a large, wolf-like husky.

Кучерява намагався бути привітним до великої, схожої на вовка хаскі.

The husky was smaller than Curly, but looked wild and mean.

Хаскі був менший за Кучерява, але виглядав диким і злим.

Without warning, he jumped and slashed her face open.

Без попередження він стрибнув і розрізав їй обличчя.

His teeth cut from her eye down to her jaw in one move.

Його зуби одним рухом прорізали їй все від ока до щелепи.

This was how wolves fought—hit fast and jump away.

Ось так билися вовки — швидко вдаряли та відстрибували.

But there was more to learn than from that one attack.

Але з цієї однієї атаки можна було навчитися не лише цього разу.

Dozens of huskies rushed in and made a silent circle.

Десятки хаскі кинулися всередину та утворили мовчазне коло.

They watched closely and licked their lips with hunger.

Вони уважно спостерігали та облизували губи від голоду.

Buck didn't understand their silence or their eager eyes.

Бак не розумів ні їхнього мовчання, ні їхніх нетерплячих очей.

Curly rushed to attack the husky a second time.

Кучерява кинувся атакувати хаскі вдруге.

He used his chest to knock her over with a strong move.

Він сильним рухом грудьми збив її з ніг.

She fell on her side and could not get back up.

Вона впала на бік і не змогла підвестися.

That was what the others had been waiting for all along.

Саме цього всі інші чекали весь цей час.

The huskies jumped on her, yelping and snarling in a frenzy.

Хаскі стрибнули на неї, шалено верещачи та гарчачи.

She screamed as they buried her under a pile of dogs.

Вона кричала, коли її ховали під купою собак.

The attack was so fast that Buck froze in place with shock.

Атака була такою швидкою, що Бак завмер на місці від шоку.

He saw Spitz stick out his tongue in a way that looked like a laugh.

Він побачив, як Шпіц показав язика, схоже на сміх.

François grabbed an axe and ran straight into the group of dogs.

Франсуа схопив сокиру та побіг прямо на групу собак.

Three other men used clubs to help beat the huskies away.

Троє інших чоловіків використовували кийки, щоб допомогти відігнати хаскі.

In just two minutes, the fight was over and the dogs were gone.

Всього за дві хвилини бійка закінчилася, і собаки зникли.

Curly lay dead in the red, trampled snow, her body torn apart.

Кучерява лежала мертва на червоному, втоптаному снігу, її тіло було розірване на шматки.

A dark-skinned man stood over her, cursing the brutal scene.

Темношкірий чоловік стояв над нею, проклинаючи цю жорстоку сцену.

The memory stayed with Buck and haunted his dreams at night.

Спогад залишився з Баком і переслідував його сни вночі.

That was the way here; no fairness, no second chance.

Так було тут: без справедливості немає другого шансу.

Once a dog fell, the others would kill without mercy.

Як тільки собака падає, інші вбивають його без милосердя.

Buck decided then that he would never allow himself to fall.

Тоді Бак вирішив, що ніколи не дозволить собі впасти.

Spitz stuck out his tongue again and laughed at the blood.

Шпіц знову показав язика і засміявся з крові.

From that moment on, Buck hated Spitz with all his heart.

З тієї миті Бак зненавидів Шпіца всім серцем.

Before Buck could recover from Curly's death, something new happened.

Перш ніж Бак встиг оговтатися від смерті Кучерява, сталося щось нове.

François came over and strapped something around Buck's body.

Франсуа підійшов і чимось обв'язав Бака.

It was a harness like the ones used on horses at the ranch.

Це була упряж, схожа на ту, що використовується для коней на ранчо.

As Buck had seen horses work, now he was made to work too.

Як Бак бачив, як працюють коні, тепер його теж змусили працювати.

He had to pull François on a sled into the forest nearby.

Йому довелося тягнути Франсуа на санчатах до сусіднього лісу.

Then he had to pull back a load of heavy firewood.

Тоді йому довелося тягнути назад купу важких дров.

Buck was proud, so it hurt him to be treated like a work animal.

Бак був гордий, тому йому було боляче, що до нього ставилися як до робочої тварини.

But he was wise and didn't try to fight the new situation.

Але він був мудрим і не намагався боротися з новою ситуацією.

He accepted his new life and gave his best in every task.

Він прийняв своє нове життя і віддавався всім своїм силам у кожній справі.

Everything about the work was strange and unfamiliar to him.

Все в цій роботі було для нього дивним і незнайомим.

François was strict and demanded obedience without delay.

Франсуа був суворим і вимагав послуху без зволікання.

His whip made sure that every command was followed at once.

Його батіг стежив за тим, щоб кожна команда виконувалася одразу.

Dave was the wheeler, the dog nearest the sled behind Buck.

Дейв був візником, собакою, що йшов найближче до саней позаду Бака.

Dave bit Buck on the back legs if he made a mistake.

Дейв кусав Бака за задні лапи, якщо той помилявся.

Spitz was the lead dog, skilled and experienced in the role.

Шпіц був провідним собакою, вправним та досвідченим у цій ролі.

Spitz could not reach Buck easily, but still corrected him.

Шпіц не міг легко достукатися до Бака, але все ж виправив його.

He growled harshly or pulled the sled in ways that taught Buck.

Він різко гарчав або тягнув сани так, що Бак цього навчив.

Under this training, Buck learned faster than any of them expected.

Завдяки цьому навчанню Бак навчався швидше, ніж будь-хто з них очікував.

He worked hard and learned from both François and the other dogs.

Він наполегливо працював і навчався як у Франсуа, так і у інших собак.

By the time they returned, Buck already knew the key commands.

На час їхнього повернення Бак вже знав ключові команди.

He learned to stop at the sound of "ho" from François.

Він навчився зупинятися на звуку «хо» від Франсуа.

He learned when he had to pull the sled and run.

Він навчився, коли доводилося тягнути сани та бігти.

He learned to turn wide at bends in the trail without trouble.

Він навчився без проблем широко повертати на поворотах стежки.

He also learned to avoid Dave when the sled went downhill fast.

Він також навчився уникати Дейва, коли сани швидко котилися вниз.

"They're very good dogs," François proudly told Perrault.

«Це дуже хороші собаки», — гордо сказав Франсуа Перро.

"That Buck pulls like hell—I teach him quick as anything."

«Цей Бак тягне, як чорт, — я вчу його дуже швидко».

Later that day, Perrault came back with two more husky dogs.

Пізніше того ж дня Перро повернувся ще з двома хаскі.

Their names were Billee and Joe, and they were brothers.

Їх звали Біллі та Джо, і вони були братами.

They came from the same mother, but were not alike at all.

Вони походили від однієї матері, але були зовсім не схожі.

Billee was sweet-natured and too friendly with everyone.

Біллі була добродушною та надто дружньою з усіма.

Joe was the opposite—quiet, angry, and always snarling.

Джо був протилежністю — тихий, злий і завжди гарчав.

Buck greeted them in a friendly way and was calm with both.

Бак привітав їх дружелюбно і був спокійний з обома.

Dave paid no attention to them and stayed silent as usual.

Дейв не звернув на них уваги і, як завжди, мовчав.

Spitz attacked first Billee, then Joe, to show his dominance.

Шпіц атакував спочатку Біллі, потім Джо, щоб показати своє панування.

Billee wagged his tail and tried to be friendly to Spitz.

Біллі виляв хвостом і намагався бути привітним до Шпіца.

When that didn't work, he tried to run away instead.
Коли це не спрацювало, він натомість спробував втекти.
He cried sadly when Spitz bit him hard on the side.
Він сумно заплакав, коли Шпіц сильно вкусив його в бік.
But Joe was very different and refused to be bullied.
Але Джо був зовсім іншим і відмовився піддаватися знущанням.
Every time Spitz came near, Joe spun to face him fast.
Щоразу, як Шпіц наближався, Джо швидко обертався до нього обличчям.
His fur bristled, his lips curled, and his teeth snapped wildly.
Його хутро стало дибки, губи скривилися, а зуби шалено клацнули.
Joe's eyes gleamed with fear and rage, daring Spitz to strike.
Очі Джо блищали від страху та люті, він провокував Шпіца на удар.
Spitz gave up the fight and turned away, humiliated and angry.
Шпіц припинив бій і відвернувся, принижений і розгніваний.
He took out his frustration on poor Billee and chased him away.
Він вилив своє роздратування на бідолашному Біллі та прогнав його.
That evening, Perrault added one more dog to the team.
Того вечора Перро додав до команди ще одного собаку.
This dog was old, lean, and covered in battle scars.
Цей собака був старий, худий і вкритий бойовими шрамами.
One of his eyes was missing, but the other flashed with power.
Одне його око було відсутнє, але інше блищало силою.
The new dog's name was Solleks, which meant the Angry One.
Нового собаку звали Соллекс, що означало Розлючений.

Like Dave, Solleks asked nothing from others, and gave nothing back.

Як і Дейв, Соллекс нічого не просив від інших і нічого не давав натомість.

When Solleks walked slowly into camp, even Spitz stayed away.

Коли Соллекс повільно зайшов до табору, навіть Шпіц залишився осторонь.

He had a strange habit that Buck was unlucky to discover.

У нього була дивна звичка, яку Баку, на жаль, не вдалося виявити.

Solleks hated being approached on the side where he was blind.

Соллекс ненавидів, коли до нього підходили з того боку, де він був сліпий.

Buck did not know this and made that mistake by accident.

Бак цього не знав і випадково зробив цю помилку.

Solleks spun around and slashed Buck's shoulder deep and fast.

Соллекс обернувся і швидко й глибоко вдарив Бака по плечу.

From that moment on, Buck never came near Solleks' blind side.

З того моменту Бак ніколи не наближався до сліпого боку Соллекса.

They never had trouble again for the rest of their time together.

У них більше ніколи не було проблем до кінця їхнього спільного життя.

Solleks wanted only to be left alone, like quiet Dave.

Соллекс хотів лише, щоб його залишили в спокої, як тихий Дейв.

But Buck would later learn they each had another secret goal.

Але пізніше Бак дізнався, що у кожного з них була ще одна таємна мета.

That night Buck faced a new and troubling challenge — how to sleep.

Тієї ночі Бак зіткнувся з новим і тривожним випробуванням — як спати.

The tent glowed warmly with candlelight in the snowy field.

Намет тепло світився світлом свічок на засніженому полі.

Buck walked inside, thinking he could rest there like before.

Бак зайшов всередину, думаючи, що зможе відпочити там, як і раніше.

But Perrault and François yelled at him and threw pans.

Але Перро та Франсуа кричали на нього та кидали сковорідки.

Shocked and confused, Buck ran out into the freezing cold.

Шокований і збентежений, Бак вибіг на крижаний мороз.

A bitter wind stung his wounded shoulder and froze his paws.

Пронизливий вітер щипав його поранене плече та відморозив лапи.

He lay down in the snow and tried to sleep out in the open.

Він ліг на сніг і спробував спати просто неба.

But the cold soon forced him to get back up, shaking badly.

Але холод невдовзі змусив його знову встати, сильно тремтячи.

He wandered through the camp, trying to find a warmer spot.

Він блукав табором, намагаючись знайти тепліше місце.

But every corner was just as cold as the one before.

Але кожен куточок був таким же холодним, як і попередній.

Sometimes savage dogs jumped at him from the darkness.

Іноді на нього з темряви стрибали дикі собаки.

Buck bristled his fur, bared his teeth, and snarled with warning.

Бак наїжачився, вишкірився та застережливо загарчав.

He was learning fast, and the other dogs backed off quickly.

Він швидко навчався, а інші собаки швидко відступали.

Still, he had no place to sleep, and no idea what to do.

Однак у нього не було де спати, і він не знав, що робити.

At last, a thought came to him—check on his team-mates.

Нарешті йому спала на думку думка — перевірити своїх товаришів по команді.

He returned to their area and was surprised to find them gone.

Він повернувся до їхньої місцевості і здивувався, виявив, що їх немає.

Again he searched the camp, but still could not find them.

Він знову обшукав табір, але так і не зміг їх знайти.

He knew they could not be in the tent, or he would be too.

Він знав, що вони не можуть бути в наметі, бо інакше він теж би там був.

So where had all the dogs gone in this frozen camp?

То куди ж поділися всі собаки в цьому замерзлому таборі?

Buck, cold and miserable, slowly circled around the tent.

Бак, змерзлий і нещасний, повільно кружляв навколо намету.

Suddenly, his front legs sank into soft snow and startled him.

Раптом його передні лапи загрузли в м'який сніг і злякали його.

Something wriggled under his feet, and he jumped back in fear.

Щось заворушилося під його ногами, і він відскочив назад від страху.

He growled and snarled, not knowing what lay beneath the snow.

Він гарчав і гарчав, не знаючи, що ховається під снігом.

Then he heard a friendly little bark that eased his fear.

Потім він почув дружній тихий гавкіт, який розвіяв його страх.

He sniffed the air and came closer to see what was hidden.

Він понюхав повітря і підійшов ближче, щоб побачити, що приховано.

Under the snow, curled into a warm ball, was little Billee.

Під снігом, згорнувшись у теплу клубочку, лежала маленька Біллі.

Billee wagged his tail and licked Buck's face to greet him.

Біллі виляв хвостом і лизнув Бака в обличчя, вітаючи його.

Buck saw how Billee had made a sleeping place in the snow.

Бак побачив, як Біллі влаштував собі місце для сну в снігу.

He had dug down and used his own heat to stay warm.

Він викопав землю і зігрівся власним теплом.

Buck had learned another lesson—this was how the dogs slept.

Бак засвоїв ще один урок — собаки спали саме так.

He picked a spot and started digging his own hole in the snow.

Він вибрав місце і почав копати собі нору в снігу.

At first, he moved around too much and wasted energy.

Спочатку він занадто багато рухався і марнував енергію.

But soon his body warmed the space, and he felt safe.

Але невдовзі його тіло зігріло простір, і він відчув себе в безпеці.

He curled up tightly, and before long he was fast asleep.

Він міцно згорнувся калачиком і невдовзі міцно заснув.

The day had been long and hard, and Buck was exhausted.

День був довгий і важкий, і Бак був виснажений.

He slept deeply and comfortably, though his dreams were wild.

Він спав міцно та комфортно, хоча снилися йому шалено.

He growled and barked in his sleep, twisting as he dreamed.

Він гарчав і гавкав уві сні, крутячись уві сні.

Buck didn't wake up until the camp was already coming to life.

Бак не прокинувся, поки табір не почав оживати.

At first, he didn't know where he was or what had happened.

Спочатку він не знав, де він і що сталося.

Snow had fallen overnight and completely buried his body.

Сніг випав уночі та повністю поховав його тіло.

The snow pressed in around him, tight on all sides.

Сніг тиснув навколо нього, щільно обвіваючи його з усіх боків.

Suddenly a wave of fear rushed through Buck's entire body.

Раптом хвиля страху прокотилася по всьому тілу Бака.

It was the fear of being trapped, a fear from deep instincts.

Це був страх опинитися в пастці, страх, що випливав з глибоких інстинктів.

Though he had never seen a trap, the fear lived inside him.

Хоча він ніколи не бачив пастки, страх жив у ньому.

He was a tame dog, but now his old wild instincts were waking.

Він був ручним собакою, але тепер у ньому прокидалися його старі дикі інстинкти.

Buck's muscles tensed, and his fur stood up all over his back.

М'язи Бака напружилися, а хутро стало дибки по всій спині.

He snarled fiercely and sprang straight up through the snow.

Він люто загарчав і стрибнув прямо вгору крізь сніг.

Snow flew in every direction as he burst into the daylight.

Сніг летів у всі боки, коли він вирвався на денне світло.

Even before landing, Buck saw the camp spread out before him.

Ще до приземлення Бак побачив, як перед ним розкинувся табір.

He remembered everything from the day before, all at once.

Він одразу згадав усе з попереднього дня.

He remembered strolling with Manuel and ending up in this place.

Він пам'ятав, як прогулювався з Мануелем і опинився в цьому місці.

He remembered digging the hole and falling asleep in the cold.

Він пам'ятав, як копав яму і заснув на холоді.

Now he was awake, and the wild world around him was clear.

Тепер він прокинувся, і дикий світ навколо нього був ясним.

A shout from François hailed Buck's sudden appearance.

Крик Франсуа привітав раптову появу Бака.

"What did I say?" the dog-driver cried loudly to Perrault.

«Що я сказав?» — голосно крикнув погонич собаки Перро.

"That Buck for sure learns quick as anything," François added.

«Цей Бак справді швидко навчається», – додав Франсуа.

Perrault nodded gravely, clearly pleased with the result.

Перро серйозно кивнув, явно задоволений результатом.

As a courier for the Canadian Government, he carried dispatches.

Як кур'єр канадського уряду, він перевозив депеші.

He was eager to find the best dogs for his important mission.

Він прагнув знайти найкращих собак для своєї важливої місії.

He felt especially pleased now that Buck was part of the team.

Він був особливо радий тепер, що Бак був частиною команди.

Three more huskies were added to the team within an hour.

Протягом години до команди додали ще трьох хаскі.

That brought the total number of dogs on the team to nine.

Таким чином, загальна кількість собак у команді зросла до дев'яти.

Within fifteen minutes all the dogs were in their harnesses.

За п'ятнадцять хвилин усі собаки були в шлейках.

The sled team was swinging up the trail toward Dyea Cañon.

Санна упряжка піднімалася стежкою до каньйону Дайя.

Buck felt glad to be leaving, even if the work ahead was hard.

Бак був радий йти, навіть якщо робота попереду була важка.

He found he did not particularly despise the labor or the cold.

Він виявив, що не особливо зневажає працю чи холод.

He was surprised by the eagerness that filled the whole team.

Його здивувало завзяття, яке сповнило всю команду.

Even more surprising was the change that had come over Dave and Solleks.

Ще більш дивовижною була зміна, яка сталася з Дейвом і Соллексом.

These two dogs were entirely different when they were harnessed.

Ці дві собаки були зовсім різними, коли їх запрягали.

Their passiveness and lack of concern had completely disappeared.

Їхня пасивність та байдужість повністю зникли.

They were alert and active, and eager to do their work well.

Вони були пильними, активними та прагнули добре виконувати свою роботу.

They grew fiercely irritated at anything that caused delay or confusion.

Їх люто дратувало все, що спричиняло затримку чи плутанину.

The hard work on the reins was the center of their entire being.

Важка робота з віжками була центром усього їхнього єства.

Sled pulling seemed to be the only thing they truly enjoyed.

Здавалося, що єдине, що їм справді подобалося, — це тягнути за собою санки.

Dave was at the back of the group, closest to the sled itself.

Дейв був у задній частині групи, найближче до самих саней.

Buck was placed in front of Dave, and Solleks pulled ahead of Buck.

Бака посадили попереду Дейва, а Соллекс вирвався попереду Бака.

The rest of the dogs were strung out ahead in a single file.

Решта собак вишикувалися попереду гуськом.

The lead position at the front was filled by Spitz.

Провідну позицію попереду зайняв Шпітц.

Buck had been placed between Dave and Solleks for instruction.

Бака для інструктажу посадили між Дейвом і Соллексом.

He was a quick learner, and they were firm and capable teachers.

Він швидко навчався, а вони були наполегливими та здібними вчителями.

They never allowed Buck to remain in error for long.

Вони ніколи не дозволяли Баку довго помилятися.

They taught their lessons with sharp teeth when needed.

Вони викладали свої уроки гострими зубами, коли це було потрібно.

Dave was fair and showed a quiet, serious kind of wisdom.

Дейв був справедливим і виявляв тиху, серйозну мудрість.

He never bit Buck without a good reason to do so.

Він ніколи не кусав Бака без вагомої причини.

But he never failed to bite when Buck needed correction.

Але він завжди кусався, коли Бака потрібно було виправити.

François's whip was always ready and backed up their authority.

Батіг Франсуа завжди був напоготові та підтримував їхній авторитет.

Buck soon found it was better to obey than to fight back.

Бак невдовзі зрозумів, що краще слухатися, ніж чинити опір.

Once, during a short rest, Buck got tangled in the reins.

Одного разу, під час короткого відпочинку, Бак заплутався у поводи.

He delayed the start and confused the team's movement.

Він затримав старт і заплутав рух команди.

Dave and Solleks flew at him and gave him a rough beating.

Дейв і Соллекс накинулися на нього та жорстоко побили.

The tangle only got worse, but Buck learned his lesson well.

Сплутування лише погіршувалося, але Бак добре засвоїв урок.

From then on, he kept the reins taut, and worked carefully.

Відтоді він тримав віжки натягнутими та працював обережно.

Before the day ended, Buck had mastered much of his task.

Ще до кінця дня Бак встиг опанувати більшу частину свого завдання.

His teammates almost stopped correcting or biting him.

Його товариші по команді майже перестали його виправляти чи кусати.

François's whip cracked through the air less and less often.

Батіг Франсуа тріщав у повітрі все рідше й рідше.

Perrault even lifted Buck's feet and carefully examined each paw.

Перро навіть підняв ноги Бака та уважно оглянув кожну лапу.

It had been a hard day's run, long and exhausting for them all.

Це був важкий день бігу, довгий і виснажливий для всіх них.

They travelled up the Cañon, through Sheep Camp, and past the Scales.

Вони піднялися каньйоном, пройшли через Овечий табір і повз Терези.

They crossed the timber line, then glaciers and snowdrifts many feet deep.

Вони перетнули межу лісу, потім льодовики та снігові замети завглибшки в багато футів.

They climbed the great cold and forbidding Chilkoot Divide.

Вони піднялися на великий холодний і непривітний Чілкутський вододіл.

That high ridge stood between salt water and the frozen interior.

Той високий хребет стояв між солоною водою та замерзлими внутрішніми просторами.

The mountains guarded the sad and lonely North with ice and steep climbs.

Гори охороняли сумну та самотню Північ льодом та крутими підйомами.

They made good time down a long chain of lakes below the divide.

Вони швидко спустилися довгим ланцюгом озер нижче вододілу.

Those lakes filled the ancient craters of extinct volcanoes.

Ці озера заповнювали стародавні кратери згаслих вулканів.

Late that night, they reached a large camp at Lake Bennett.

Пізно тієї ж ночі вони дісталися великого табору на озері Беннетт.

Thousands of gold seekers were there, building boats for spring.

Тисячі золотошукачів були там, будуючи човни на весну.

The ice was going break up soon, and they had to be ready.

Лід скоро мав розтанути, і вони мали бути готові.

Buck dug his hole in the snow and fell into a deep sleep.

Бак викопав собі нору в снігу та міцно заснув.

He slept like a working man, exhausted from the harsh day of toil.

Він спав, як робітник, виснажений важким робочим днем.

But too early in the darkness, he was dragged from sleep.

Але надто рано, у темряві, його витягли зі сну.

He was harnessed with his mates again and attached to the sled.

Його знову запрягли разом з його товаришами та прив'язали до саней.

That day they made forty miles, because the snow was well trodden.

Того дня вони подолали сорок миль, бо сніг був добре втоптаний.

The next day, and for many days after, the snow was soft.

Наступного дня, і ще багато днів після цього, сніг був м'яким.

They had to make the path themselves, working harder and moving slower.
Їм довелося прокладати стежку самостійно, працюючи старанніше та рухаючись повільніше.

Usually, Perrault walked ahead of the team with webbed snowshoes.
Зазвичай Перро йшов попереду команди на снігоступах з перетинками.

His steps packed the snow, making it easier for the sled to move.
Його кроки утрамбовували сніг, полегшуючи рух саней.

François, who steered from the gee-pole, sometimes took over.
Франсуа, який керував з вудки, іноді брав керування на себе.

But it was rare that François took the lead
Але Франсуа рідко виходив на перший план

because Perrault was in a rush to deliver the letters and parcels.
бо Перро поспішав доставити листи та посилки.

Perrault was proud of his knowledge of snow, and especially ice.
Перро пишався своїми знаннями про сніг, а особливо про лід.

That knowledge was essential, because fall ice was dangerously thin.
Ці знання були вкрай важливими, бо осінній лід був небезпечно тонким.

Where water flowed fast beneath the surface, there was no ice at all.
Там, де вода швидко текла під поверхнею, льоду взагалі не було.

Day after day, the same routine repeated without end.
День за днем та сама рутина повторювалася без кінця.

Buck toiled endlessly in the reins from dawn until night.
Бак безкінечно трудився на віжах від світанку до ночі.

They left camp in the dark, long before the sun had risen.

Вони покинули табір у темряві, задовго до сходу сонця.

By the time daylight came, many miles were already behind them.

Коли настало світло, багато миль вже було позаду.

They pitched camp after dark, eating fish and burrowing into snow.

Вони розбивали табір після настання темряви, їли рибу та заривалися в сніг.

Buck was always hungry and never truly satisfied with his ration.

Бак завжди був голодний і ніколи по-справжньому не задовольнявся своїм пайком.

He received a pound and a half of dried salmon each day.

Щодня він отримував півтора фунта сушеного лосося.

But the food seemed to vanish inside him, leaving hunger behind.

Але їжа ніби зникла в ньому, залишивши позаду голод.

He suffered from constant pangs of hunger, and dreamed of more food.

Він страждав від постійних мук голоду і мріяв про більше їжі.

The other dogs got only one pound of food, but they stayed strong.

Інші собаки отримали лише один фунт їжі, але вони залишалися сильними.

They were smaller, and had been born into the northern life.

Вони були менші на зріст і народилися в північному середовищі.

He swiftly lost the fastidiousness which had marked his old life.

Він швидко втратив педантичність, яка характеризувала його колишнє життя.

He had been a dainty eater, but now that was no longer possible.

Він був вишуканим їдцем, але тепер це було неможливо.

His mates finished first and robbed him of his unfinished ration.

Його товариші закінчили першими та пограбували його недоїдений пайок.

Once they began there was no way to defend his food from them.

Як тільки вони почали, захистити від них свою їжу було неможливо.

While he fought off two or three dogs, the others stole the rest.

Поки він відбивався від двох чи трьох собак, інші вкрали решту.

To fix this, he began eating as fast as the others ate.

Щоб виправити це, він почав їсти так само швидко, як і інші.

Hunger pushed him so hard that he even took food not his own.

Голод так його мучив, що він навіть брав чужу їжу.

He watched the others and learned quickly from their actions.

Він спостерігав за іншими та швидко вчився з їхніх дій.

He saw Pike, a new dog, steal a slice of bacon from Perrault.

Він бачив, як Пайк, новий собака, вкрав у Перро шматочок бекону.

Pike had waited until Perrault's back was turned to steal the bacon.

Пайк чекав, поки Перро повернеться спиною, щоб вкрасти бекон.

The next day, Buck copied Pike and stole the whole chunk.

Наступного дня Бак скопіював Пайка та вкрав увесь шматок.

A great uproar followed, but Buck was not suspected.

Зчинився великий галас, але Бака ніхто не запідозрив.

Dub, a clumsy dog who always got caught, was punished instead.

Замість цього покарали Даба, незграбного собаку, якого завжди ловили.

That first theft marked Buck as a dog fit to survive the North.

Та перша крадіжка позначала Бака як собаку, здатного вижити на Півночі.

He showed he could adapt to new conditions and learn quickly.

Він показав, що може швидко адаптуватися до нових умов та навчатися.

Without such adaptability, he would have died swiftly and badly.

Без такої адаптивності він би помер швидко та тяжко.

It also marked the breakdown of his moral nature and past values.

Це також ознаменувало крах його моральної природи та минулих цінностей.

In the Southland, he had lived under the law of love and kindness.

На Півдні він жив за законом любові та доброти.

There it made sense to respect property and other dogs' feelings.

Там мало сенс поважати власність та почуття інших собак.

But the Northland followed the law of club and the law of fang.

Але Північна земля дотримувалася закону палиці та закону ікла.

Whoever respected old values here was foolish and would fail.

Той, хто тут поважав старі цінності, був дурнем і зазнає невдачі.

Buck did not reason all this out in his mind.

Бак не міг обміркувати все це в голові.

He was fit, and so he adjusted without needing to think.

Він був у формі, тому пристосовувався, не замислюючись.

All his life, he had never run away from a fight.

За все своє життя він ніколи не тікав від бійки.

But the wooden club of the man in the red sweater changed that rule.

Але дерев'яна палиця чоловіка в червоному светрі змінила це правило.

Now he followed a deeper, older code written into his being.

Тепер він дотримувався глибшого, давнішого коду, записаного в його єстві.

He did not steal out of pleasure, but from the pain of hunger.

Він крав не із задоволення, а від муки голоду.

He never robbed openly, but stole with cunning and care.

Він ніколи не грабував відкрито, а крав хитрістю та обережністю.

He acted out of respect for the wooden club and fear of the fang.

Він діяв з поваги до дерев'яної палиці та страху перед іклом.

In short, he did what was easier and safer than not doing it.

Коротше кажучи, він зробив те, що було легше та безпечніше, ніж не робити цього.

His development—or perhaps his return to old instincts—was fast.

Його розвиток — чи, можливо, його повернення до старих інстинктів — був швидким.

His muscles hardened until they felt as strong as iron.

Його м'язи затверділи, аж поки не стали міцними, як залізо.

He no longer cared about pain, unless it was serious.

Його більше не хвилював біль, хіба що він був серйозним.

He became efficient inside and out, wasting nothing at all.

Він став ефективним як зсередини, так і зовні, нічого не витрачаючи даремно.

He could eat things that were vile, rotten, or hard to digest.

Він міг їсти мерзенну, гнилу або важкоперетравлювану їжу.

Whatever he ate, his stomach used every last bit of value.

Що б він не їв, його шлунок використовував усе, що було цінного.

His blood carried the nutrients far through his powerful body.
Його кров розносила поживні речовини далеко по його могутньому тілу.
This built strong tissues that gave him incredible endurance.
Це зміцнило тканини, що дало йому неймовірну витривалість.
His sight and smell became much more sensitive than before.
Його зір і нюх стали набагато чутливішими, ніж раніше.
His hearing grew so sharp he could detect faint sounds in sleep.
Його слух став настільки гострим, що він міг розрізняти ледь помітні звуки уві сні.
He knew in his dreams whether the sounds meant safety or danger.
Він знав у своїх снах, що означають ці звуки: безпеку чи небезпеку.
He learned to bite the ice between his toes with his teeth.
Він навчився гризти зубами лід між пальцями ніг.
If a water hole froze over, he would break the ice with his legs.
Якщо водопій замерзав, він розбивав лід ногами.
He reared up and struck the ice hard with stiff front limbs.
Він піднявся дибки і сильно вдарив по льоду затверділими передніми кінцівками.
His most striking ability was predicting wind changes overnight.
Його найвражаючою здатністю було передбачення змін вітру протягом ночі.
Even when the air was still, he chose spots sheltered from wind.
Навіть коли повітря було нерухомим, він вибирав місця, захищені від вітру.
Wherever he dug his nest, the next day's wind passed him by.

Де б він не викопав своє гніздо, наступного дня вітер обійшов його.

He always ended up snug and protected, to leeward of the breeze.

Він завжди опинявся затишно та захищено, підвітряно від вітерцю.

Buck not only learned by experience — his instincts returned too.

Бак не лише навчався на досвіді — до нього також повернулися інстинкти.

The habits of domesticated generations began to fall away.

Звички одомашнених поколінь почали зникати.

In vague ways, he remembered the ancient times of his breed.

Якось нечітко він згадував давні часи свого племені.

He thought back to when wild dogs ran in packs through forests.

Він згадав часи, коли дикі собаки бігали зграями лісами.

They had chased and killed their prey while running it down.

Вони переслідували та вбивали свою здобич, переслідуючи її.

It was easy for Buck to learn how to fight with tooth and speed.

Баку було легко навчитися битися зубами та швидко.

He used cuts, slashes, and quick snaps just like his ancestors.

Він використовував порізи, різи та швидкі клацання, як і його предки.

Those ancestors stirred within him and awoke his wild nature.

Ті предки ворухнулися в ньому та пробудили його дику природу.

Their old skills had passed into him through the bloodline.

Їхні старі навички перейшли до нього по кровній лінії.

Their tricks were his now, with no need for practice or effort.

Тепер їхні трюки були його, без потреби в практиці чи зусиллях.

On still, cold nights, Buck lifted his nose and howled.
Тихими, холодними ночами Бак задирав носа та вив.
He howled long and deep, the way wolves had done long ago.
Він вив довго й гучно, як це робили вовки колись давно.
Through him, his dead ancestors pointed their noses and howled.
Крізь нього його померлі предки висовували носи та вили.
They howled down through the centuries in his voice and shape.
Вони вили крізь століття його голосом і формою.
His cadences were theirs, old cries that told of grief and cold.
Його ритми були їхніми, давні крики, що свідчили про горе та холод.
They sang of darkness, of hunger, and the meaning of winter.
Вони співали про темряву, голод і значення зими.
Buck proved of how life is shaped by forces beyond oneself,
Бак довів, як життя формується силами, що перебувають поза межами особистості.
the ancient song rose through Buck and took hold of his soul.
Стародавня пісня піднялася крізь Бака і полонила його душу.
He found himself because men had found gold in the North.
Він знайшов себе, бо люди знайшли золото на Півночі.
And he found himself because Manuel, the gardener's helper, needed money.
А він опинився там, бо Мануелю, помічнику садівника, потрібні були гроші.

The Dominant Primordial Beast
Домінантний Первісний Звір

The dominant primordial beast was as strong as ever in Buck.
Домінантний первісний звір був у Баку таким же сильним, як і завжди.
But the dominant primordial beast had lain dormant in him.
Але домінантний первісний звір дрімав у ньому.
Trail life was harsh, but it strengthened beast inside Buck.
Життя на стежці було суворим, але воно зміцнило звірину в Баку.
Secretly the beast grew stronger and stronger every day.
Таємно звір з кожним днем ставав все сильнішим і сильнішим.
But that inner growth stayed hidden to the outside world.
Але цей внутрішній ріст залишався прихованим від зовнішнього світу.
A quiet and calm primordial force was building inside Buck.
Усередині Бака нарощувалася тиха та спокійна первісна сила.
New cunning gave Buck balance, calm control, and poise.
Нова хитрість надала Баку рівноваги, спокійного самовладання та витримки.
Buck focused hard on adapting, never feeling fully relaxed.
Бак зосередився на адаптації, ніколи не відчуваючи повного розслаблення.
He avoided conflict, never starting fights, nor seeking trouble.
Він уникав конфліктів, ніколи не розпочинав сварок і не шукав неприємностей.
A slow, steady thoughtfulness shaped Buck's every move.
Повільна, рівна задумливість формувала кожен рух Бака.
He avoided rash choices and sudden, reckless decisions.
Він уникав необдуманих рішень та раптових, необдуманих рішень.

Though Buck hated Spitz deeply, he showed him no aggression.

Хоча Бак глибоко ненавидів Шпіца, він не виявляв до нього жодної агресії.

Buck never provoked Spitz, and kept his actions restrained.

Бак ніколи не провокував Шпіца і дотримувався стриманості у своїх діях.

Spitz, on the other hand, sensed the growing danger in Buck.

Шпіц, навпаки, відчував зростаючу небезпеку з боку Бака.

He saw Buck as a threat and a serious challenge to his power.

Він бачив у Баку загрозу та серйозний виклик своїй владі.

He used every chance to snarl and show his sharp teeth.

Він використовував кожну нагоду, щоб загарчати та показати свої гострі зуби.

He was trying to start the deadly fight that had to come.

Він намагався розпочати смертельну битву, яка мала відбутися.

Early in the trip, a fight nearly broke out between them.

На початку подорожі між ними ледь не спалахнула бійка.

But an unexpected accident stopped the fight from happening.

Але несподіваний випадок завадив бійці.

That evening they set up camp on the bitterly cold Lake Le Barge.

Того вечора вони розбили табір на пронизливо холодному озері Ле-Барж.

The snow was falling hard, and the wind cut like a knife.

Сніг падав сильно, а вітер різав, як ніж.

The night had come too fast, and darkness surrounded them.

Ніч настала надто швидко, і їх огортала темрява.

They could hardly have chosen a worse place for rest.

Вони навряд чи могли обрати гірше місце для відпочинку.

The dogs searched desperately for a place to lie down.

Собаки відчайдушно шукали місце, де можна було б лягти.

A tall rock wall rose steeply behind the small group.
Висока скеляста стіна круто здіймалася позаду невеликої
групи.
The tent had been left behind in Dyea to lighten the load.
Намет залишили в Дайї, щоб полегшити вантаж.
They had no choice but to make the fire on the ice itself.
У них не було іншого вибору, окрім як розпалити багаття
на самому льоду.
They spread their sleeping robes directly on the frozen lake.
Вони розстелили свої спальні шати прямо на замерзлому
озері.
A few sticks of driftwood gave them a little bit of fire.
Кілька паличок плавника дали їм трохи вогню.
But the fire was built on the ice, and thawed through it.
Але вогонь розпалювали на льоду і розтанув крізь нього.
Eventually they were eating their supper in darkness.
Зрештою вони вечеряли в темряві.
**Buck curled up beside the rock, sheltered from the cold
wind.**
Бак згорнувся калачиком біля скелі, сховавшись від
холодного вітру.
**The spot was so warm and safe that Buck hated to move
away.**
Місце було таке тепле та безпечне, що Бак ненавидів
звідти відходити.
**But François had warmed the fish and was handing out
rations.**
Але Франсуа розігрів рибу і роздавав пайки.
Buck finished eating quickly, and returned to his bed.
Бак швидко закінчив їсти і повернувся до ліжка.
But Spitz was now laying where Buck had made his bed.
Але Шпіц тепер лежав там, де Бак постелив йому ліжко.
A low snarl warned Buck that Spitz refused to move.
Тихе гарчання попередило Бака, що Шпіц відмовився
рухатися.
Until now, Buck had avoided this fight with Spitz.
Досі Бак уникав цієї сутички зі Шпіцем.

But deep inside Buck the beast finally broke loose.

Але глибоко всередині Бака звір нарешті вирвався на волю.

The theft of his sleeping place was too much to tolerate.

Крадіжка його спального місця була нестерпною.

Buck launched himself at Spitz, full of anger and rage.

Бак кинувся на Шпіца, сповнений гніву та люті.

Up until not Spitz had thought Buck was just a big dog.

Досі Шпіц думав, що Бак — просто великий собака.

He didn't think Buck had survived through his spirit.

Він не думав, що Бак вижив завдяки своєму духу.

He was expecting fear and cowardice, not fury and revenge.

Він очікував страху та боягузтва, а не люті та помсти.

François stared as both dogs burst from the ruined nest.

Франсуа дивився, як обидва собаки вискочили з зруйнованого гнізда.

He understood at once what had started the wild struggle.

Він одразу зрозумів, що почало цю шалену боротьбу.

"A-a-ah!" François cried out in support of the brown dog.

«А-а!» — вигукнув Франсуа, підтримуючи бурого собаку.

"Give him a beating! By God, punish that sneaky thief!"

«Дай йому відлупцювати! Й Боже, покарай цього підступного злодія!»

Spitz showed equal readiness and wild eagerness to fight.

Шпіц демонстрував однакову готовність і шалене бажання битися.

He cried out in rage while circling fast, seeking an opening.

Він крикнув від люті, швидко кружляючи, шукаючи прохід.

Buck showed the same hunger to fight, and the same caution.

Бак виявляв таке ж жагу до боротьби та таку ж обережність.

He circled his opponent as well, trying to gain the upper hand in battle.

Він також обійшов свого супротивника, намагаючись отримати перевагу в битві.

Then something unexpected happened and changed everything.

Потім сталося щось несподіване і все змінило.

That moment delayed the eventual fight for the leadership.

Цей момент відтермінував остаточну боротьбу за лідерство.

Many miles of trail and struggle still waited before the end.

Багато миль стежки та боротьби ще чекали на кінець.

Perrault shouted an oath as a club smacked against bone.

Перро вилаявся, коли палиця вдарилася об кістку.

A sharp yelp of pain followed, then chaos exploded all around.

Пролунав різкий крик болю, а потім навколо вибухнув хаос.

Dark shapes moved in camp; wild huskies, starved and fierce.

Темні постаті рухалися табором; дикі хаскі, голодні та люті.

Four or five dozen huskies had sniffed the camp from far away.

Чотири чи п'ять десятків хаскі винюхали табір здалеку.

They had crept in quietly while the two dogs fought nearby.

Вони тихенько прокралися всередину, поки два собаки билися неподалік.

François and Perrault charged, swinging clubs at the invaders.

Франсуа та Перро кинулися в атаку, розмахуючи кийками на загарбників.

The starving huskies showed teeth and fought back in frenzy.

Зголоднілі хаскі показали зуби та шалено відбилися.

The smell of meat and bread had driven them past all fear.

Запах м'яса та хліба прогнав їх із себе всякий страх.

Perrault beat a dog that had buried its head in the grub-box.

Перро побив собаку, який зарився головою в скриню з їжею.

The blow hit hard, and the box flipped, food spilling out.

Удар був сильним, коробка перекинулася, і їжа розсипалася.

In seconds, a score of wild beasts tore into the bread and meat.

За лічені секунди десятки диких звірів роздерли хліб і м'ясо.

The men's clubs landed blow after blow, but no dog turned away.

Чоловічі кийки завдавали удару за ударом, але жоден собака не відвернувся.

They howled in pain, but fought until no food remained.

Вони вили від болю, але билися, доки не залишилося їжі.

Meanwhile, the sled-dogs had jumped from their snowy beds.

Тим часом їздові собаки зістрибнули зі своїх засніжених ліжок.

They were instantly attacked by the vicious hungry huskies.

На них миттєво напали люті голодні хаскі.

Buck had never seen such wild and starved creatures before.

Бак ніколи раніше не бачив таких диких і голодних істот.

Their skin hung loose, barely hiding their skeletons.

Їхня шкіра вільно звисала, ледве приховуючи їхні скелети.

There was a fire in their eyes, from hunger and madness

В їхніх очах горів вогонь від голоду та божевілля

There was no stopping them; no resisting their savage rush.

Їх не можна було зупинити, не можна було чинити опір їхньому дикому нападу.

The sled-dogs were shoved back, pressed against the cliff wall.

Їздових собак відштовхнули назад, притиснувши до стіни скелі.

Three huskies attacked Buck at once, tearing into his flesh.

Троє хаскі одночасно напали на Бака, розриваючи його плоть.

Blood poured from his head and shoulders, where he'd been cut.

Кров лилася з його голови та плечей, де його порізали.

The noise filled the camp; growling, yelps, and cries of pain.
Шум наповнив табір: гарчання, вереск і крики болю.
Billee cried loudly, as usual, caught in the fray and panic.
Біллі голосно заплакала, як завжди, посеред сутички та паніки.
Dave and Solleks stood side by side, bleeding but defiant.
Дейв і Соллекс стояли пліч-о-пліч, стікаючи кров'ю, але зухвало.
Joe fought like a demon, biting anything that came close.
Джо бився, як демон, кусаючи все, що наближалося.
He crushed a husky's leg with one brutal snap of his jaws.
Він одним жорстоким клацанням щелеп розчавив ногу хаскі.
Pike jumped on the wounded husky and broke its neck instantly.
Щука стрибнула на поранену лайку та миттєво зламала їй шию.
Buck caught a husky by the throat and ripped through the vein.
Бак схопив хаскі за горло та розірвав вену.
Blood sprayed, and the warm taste drove Buck into a frenzy.
Бризнула кров, а теплий смак довів Бака до шаленства.
He hurled himself at another attacker without hesitation.
Він без вагань кинувся на іншого нападника.
At the same moment, sharp teeth dug into Buck's own throat.
Тієї ж миті гострі зуби вп'ялися в горло Бака.
Spitz had struck from the side, attacking without warning.
Шпіц завдав удару збоку, атакуючи без попередження.
Perrault and François had defeated the dogs stealing the food.
Перро та Франсуа перемогли собак, які крали їжу.
Now they rushed to help their dogs fight back the attackers.
Тепер вони кинулися допомагати своїм собакам відбиватися від нападників.
The starving dogs retreated as the men swung their clubs.

Голодні собаки відступили, коли чоловіки розмахували своїми кийками.

Buck broke free from the attack, but the escape was brief.

Бак вирвався з-під нападу, але втеча була недовгою.

The men ran to save their dogs, and the huskies swarmed again.

Чоловіки побігли рятувати своїх собак, і хаскі знову зграєю нахлинули на них.

Billee, frightened into bravery, leapt into the pack of dogs.

Біллі, наляканий до сміливості, стрибнув у зграю собак.

But then he fled across the ice, in raw terror and panic.

Але потім він утік по льоду, охоплений жахом і панікою.

Pike and Dub followed close behind, running for their lives.

Пайк і Даб йшли одразу позаду, рятуючи своє життя.

The rest of the team broke and scattered, following after them.

Решта команди розбіглася та побігла за ними.

Buck gathered his strength to run, but then saw a flash.

Бак зібрав сили, щоб бігти, але раптом побачив спалах.

Spitz lunged at Buck's side, trying to knock him to the ground.

Шпіц кинувся на Бака, намагаючись збити його з ніг.

Under that mob of huskies, Buck would have had no escape.

Під таким натовпом хаскі Баку не було б порятунку.

But Buck stood firm and braced for the blow from Spitz.

Але Бак стояв твердо і готувався до удару Шпіца.

Then he turned and ran out onto the ice with the fleeing team.

Потім він розвернувся і вибіг на лід разом з командою, що тікала.

Later, the nine sled-dogs gathered in the shelter of the woods.

Пізніше дев'ять їздових собак зібралися в лісовому укритті.

No one chased them anymore, but they were battered and wounded.

Ніхто їх більше не переслідував, але вони були побиті та поранені.

Each dog had wounds; four or five deep cuts on every body.

У кожного собаки були рани; чотири чи п'ять глибоких порізів на тілі.

Dub had an injured hind leg and struggled to walk now.

У Дуба була травма задньої ноги, і йому тепер було важко ходити.

Dolly, the newest dog from Dyea, had a slashed throat.

Доллі, найновіша собака з Дайї, мала перерізане горло.

Joe had lost an eye, and Billee's ear was cut to pieces

Джо втратив око, а вухо Біллі було розрізане на шматки

All the dogs cried in pain and defeat through the night.

Усі собаки кричали від болю та поразки всю ніч.

At dawn they crept back to camp, sore and broken.

На світанку вони прокралися назад до табору, знесилені та розбиті.

The huskies had vanished, but the damage had been done.

Хаскі зникли, але шкода вже була завдана.

Perrault and François stood in foul moods over the ruin.

Перро та Франсуа стояли над руїнами в кепському настрої.

Half of the food was gone, snatched by the hungry thieves.

Половина їжі зникла, її пограбували голодні злодії.

The huskies had torn through sled bindings and canvas.

Хаскі порвали кріплення саней та парусину.

Anything with a smell of food had been devoured completely.

Все, що мало запах їжі, було з'їдено повністю.

They ate a pair of Perrault's moose-hide traveling boots.

Вони з'їли пару дорожніх чобіт Перро зі шкіри лося.

They chewed leather reis and ruined straps beyond use.

Вони жували шкіряні рейси та псували ремені до непридатності.

François stopped staring at the torn lash to check the dogs.

Франсуа перестав дивитися на порвану батіг, щоб оглянути собак.

"Ah, my friends," he said, his voice low and filled with worry.

«Ах, друзі мої», — сказав він тихим, сповненим тривоги голосом.

"Maybe all these bites will turn you into mad beasts."

«Можливо, всі ці укуси перетворять вас на скажених звірів».

"Maybe all mad dogs, sacredam! What do you think, Perrault?"

«Можливо, всі скажені собаки, сакраменто! Що ви думаєте, Перро?»

Perrault shook his head, eyes dark with concern and fear.

Перро похитав головою, його очі потемніли від занепокоєння та страху.

Four hundred miles still lay between them and Dawson.

Між ними та Доусоном ще лежало чотириста миль.

Dog madness now could destroy any chance of survival.

Собаче божевілля тепер може знищити будь-який шанс на виживання.

They spent two hours swearing and trying to fix the gear.

Вони дві години лаялися та намагалися полагодити спорядження.

The wounded team finally left the camp, broken and defeated.

Поранена команда нарешті покинула табір, розбита та переможена.

This was the hardest trail yet, and each step was painful.

Це була найважча стежка, і кожен крок був болісним.

The Thirty Mile River had not frozen, and was rushing wildly.

Річка Тридцять-Майл не замерзла і шалено стрімко текла.

Only in calm spots and swirling eddies did ice manage to hold.

Лише в спокійних місцях та вируючих вирах лід встигав утриматися.

Six days of hard labor passed until the thirty miles were done.

Шість днів важкої праці минуло, поки тридцять миль були подолані.

Each mile of the trail brought danger and the threat of death.
Кожна миля стежки приносила небезпеку та загрозу смерті.

The men and dogs risked their lives with every painful step.
Чоловіки та собаки ризикували своїм життям на кожному болісному кроці.

Perrault broke through thin ice bridges a dozen different times.
Перро пробивав тонкі крижані мости десятки разів.

He carried a pole and let it fall across the hole his body made.
Він ніс жердину і кинув її на отвір, який утворило його тіло.

More than once did that pole save Perrault from drowning.
Не раз ця жердина рятувала Перро від утоплення.

The cold snap held firm, the air was fifty degrees below zero.
Похолодання трималося міцно, температура повітря була п'ятдесят градусів нижче нуля.

Every time he fell in, Perrault had to light a fire to survive.
Щоразу, коли він падав у вогонь, Перро мусив розводити вогонь, щоб вижити.

Wet clothing froze fast, so he dried them near blazing heat.
Мокрий одяг швидко замерзав, тому він сушив його біля палючої спеки.

No fear ever touched Perrault, and that made him a courier.
Жоден страх ніколи не торкався Перро, і це робило його кур'єром.

He was chosen for danger, and he met it with quiet resolve.
Його обрали для небезпеки, і він зустрів її зі спокійною рішучістю.

He pressed forward into wind, his shriveled face frostbitten.
Він штовхався вперед, проти вітру, його зморщене обличчя було обморожене.

From faint dawn to nightfall, Perrault led them onward.

Від слабкого світанку до настання темряви Перро вів їх уперед.

He walked on narrow rim ice that cracked with every step.

Він йшов вузькою крижаною облямівкою, яка тріскалася з кожним кроком.

They dared not stop—each pause risked a deadly collapse.

Вони не сміли зупинятися — кожна пауза ризикувала смертельним падінням.

One time the sled broke through, pulling Dave and Buck in.

Одного разу сани прорвалися, потягнувши за собою Дейва та Бака.

By the time they were dragged free, both were near frozen.

Коли їх витягли на волю, обоє були майже замерзлі.

The men built a fire quickly to keep Buck and Dave alive.

Чоловіки швидко розпалили багаття, щоб Бак і Дейв залишилися живими.

The dogs were coated in ice from nose to tail, stiff as carved wood.

Собаки були вкриті льодом від носа до хвоста, затверділі, як різьблене дерево.

The men ran them in circles near the fire to thaw their bodies.

Чоловіки бігали ними по колу біля вогню, щоб розморозити їхні тіла.

They came so close to the flames that their fur was singed.

Вони підійшли так близько до полум'я, що їхнє хутро обпекло.

Spitz broke through the ice next, dragging in the team behind him.

Наступним крізь лід прорвався Шпіц, потягнувши за собою команду.

The break reached all the way up to where Buck was pulling.

Прорив сягав аж до того місця, де тягнув Бак.

Buck leaned back hard, paws slipping and trembling on the edge.

Бак різко відкинувся назад, лапи ковзали й тремтіли на краю.

Dave also strained backward, just behind Buck on the line.

Дейв також напружився назад, одразу за Баком на мотузці.

François hauled on the sled, his muscles cracking with effort.

Франсуа тягнув сани, його м'язи тріщали від напруження.

Another time, rim ice cracked before and behind the sled.

Іншого разу крайній лід тріснув перед і позаду саней.

They had no way out except to climb a frozen cliff wall.

У них не було іншого виходу, окрім як вилізти на замерзлу стіну скелі.

Perrault somehow climbed the wall; a miracle kept him alive.

Перро якимось чином переліз на стіну; диво врятувало його життя.

François stayed below, praying for the same kind of luck.

Франсуа залишився внизу, молячись про таку ж удачу.

They tied every strap, lashing, and trace into one long rope.

Вони зв'язали кожен ремінь, мотузку та шнур в одну довгу мотузку.

The men hauled each dog up, one at a time to the top.

Чоловіки по черзі витягували собак нагору.

François climbed last, after the sled and the entire load.

Франсуа піднявся останнім, після санок та всього вантажу.

Then began a long search for a path down from the cliffs.

Потім почалися довгі пошуки стежки вниз зі скель.

They finally descended using the same rope they had made.

Зрештою вони спустилися, використовуючи ту саму мотузку, яку самі зробили.

Night fell as they returned to the riverbed, exhausted and sore.

Ніч настала, коли вони повернулися до русла річки, виснажені та з болем у шкірі.

They had taken a full day to cover only a quarter of a mile.

Їм знадобився цілий день, щоб подолати лише чверть милі.

By the time they reached the Hootalinqua, Buck was worn out.

Коли вони дісталися до Хуталінкви, Бак був дуже виснажений.

The other dogs suffered just as badly from the trail conditions.

Інші собаки так само сильно постраждали від умов стежки.

But Perrault needed to recover time, and pushed them on each day.

Але Перро потрібно було надолужити час, і він щодня підганявся до них.

The first day they traveled thirty miles to Big Salmon.

Першого дня вони проїхали тридцять миль до Біг-Салмона.

The next day they travelled thirty-five miles to Little Salmon.

Наступного дня вони подолали тридцять п'ять миль до Літтл-Салмона.

On the third day they pushed through forty long frozen miles.

На третій день вони пройшли сорок довгих замерзлих миль.

By then, they were nearing the settlement of Five Fingers.

На той час вони вже наближалися до поселення П'ять Пальців.

Buck's feet were softer than the hard feet of native huskies.

Лапи Бака були м'якші за тверді лапи місцевих хаскі.

His paws had grown tender over many civilized generations.

Його лапи стали ніжними протягом багатьох поколінь цивілізованого населення.

Long ago, his ancestors had been tamed by river men or hunters.

Давним-давно його предків приручили річкові люди або мисливці.

Every day Buck limped in pain, walking on raw, aching paws.

Щодня Бак кульгав від болю, ходячи на заболінених, ниючих лапах.

At camp, Buck dropped like a lifeless form upon the snow.

У таборі Бак упав на сніг, немов бездихане тіло.

Though starving, Buck did not rise to eat his evening meal.

Хоча Бак і був голодний, він не встав, щоб повечеряти.

François brought Buck his ration, laying fish by his muzzle.

Франсуа приніс Баку його пайок, підкладаючи рибу йому біля морди.

Each night the driver rubbed Buck's feet for half an hour.

Щоночі водій півгодини розтирав Баку ноги.

François even cut up his own moccasins to make dog footwear.

Франсуа навіть розрізав власні мокасини, щоб зробити з них взуття для собак.

Four warm shoes gave Buck a great and welcome relief.

Чотири теплі черевики принесли Баку велике та бажане полегшення.

One morning, François forgot the shoes, and Buck refused to rise.

Одного ранку Франсуа забув черевики, а Бак відмовився вставати.

Buck lay on his back, feet in the air, waving them pitifully.

Бак лежав на спині, піднявши ноги вгору, і жалібно розмахував ними.

Even Perrault grinned at the sight of Buck's dramatic plea.

Навіть Перро посміхнувся, побачивши драматичне благання Бака.

Soon Buck's feet grew hard, and the shoes could be discarded.

Невдовзі ноги Бака затверділи, і взуття можна було викинути.

At Pelly, during harness time, Dolly let out a dreadful howl.

У Пеллі, під час їзди на конях, Доллі видала жахливе виття.

The cry was long and filled with madness, shaking every dog.

Крик був довгим і сповненим божевілля, від якого тряслося кожен собака.

Each dog bristled in fear without knowing the reason.

Кожен собака наїжачився від страху, не знаючи причини.

Dolly had gone mad and hurled herself straight at Buck.

Доллі збожеволіла і кинулася прямо на Бака.

Buck had never seen madness, but horror filled his heart.

Бак ніколи не бачив божевілля, але жах сповнював його серце.

With no thought, he turned and fled in absolute panic.

Не замислюючись, він повернувся і втік у повній паніці.

Dolly chased him, her eyes wild, saliva flying from her jaws.

Доллі гналася за ним, її очі були шалені, з щелеп летіла слина.

She kept right behind Buck, never gaining and never falling back.

Вона трималася одразу за Баком, не наздоганяючи його і не відступаючи.

Buck ran through woods, down the island, across jagged ice.

Бак біг крізь ліс, вниз по острову, по нерівному льоду.

He crossed to an island, then another, circling back to the river.

Він перейшов до одного острова, потім до іншого, повернувшись до річки.

Still Dolly chased him, her growl close behind at every step.

Доллі все ще гналася за ним, її гарчання чулося позаду на кожному кроці.

Buck could hear her breath and rage, though he dared not look back.

Бак чув її дихання та лють, хоча не наважувався озирнутися.

François shouted from afar, and Buck turned toward the voice.

Франсуа крикнув здалеку, і Бак обернувся на голос.

Still gasping for air, Buck ran past, placing all hope in François.

Все ще хапаючи ротом повітря, Бак пробіг повз, покладаючи всю надію на Франсуа.

The dog-driver raised an axe and waited as Buck flew past.

Погонич собаки підняв сокиру й чекав, поки Бак пролетить повз.

The axe came down fast and struck Dolly's head with deadly force.

Сокира швидко опустилася і зі смертельною силою вдарила Доллі по голові.

Buck collapsed near the sled, wheezing and unable to move.

Бак звалився біля саней, хрипів і не міг поворухнутися.

That moment gave Spitz his chance to strike an exhausted foe.

Цей момент дав Шпіцу шанс вдарити по виснаженому ворогу.

Twice he bit Buck, ripping flesh down to the white bone.

Двічі він вкусив Бака, роздерши плоть аж до білої кістки.

François's whip cracked, striking Spitz with full, furious force.

Батіг Франсуа хруснув, вдаривши Шпіца з повною, лютою силою.

Buck watched with joy as Spitz received his harshest beating yet.

Бак з радістю спостерігав, як Шпіц отримав свої найжорстокіші побої.

"He's a devil, that Spitz," Perrault muttered darkly to himself.

«Він диявол, цей Шпіц», — похмуро пробурмотів Перро сам собі під ніс.

"Someday soon, that cursed dog will kill Buck—I swear it."

«Колись скоро цей клятий собака вб'є Бака — клянусь.»

"That Buck has two devils in him," François replied with a nod.

«У цьому Баку два дияволи», – відповів Франсуа, кивнувши.

"When I watch Buck, I know something fierce waits in him."

«Коли я спостерігаю за Баком, я відчуваю, що в ньому чекає щось несамовите».

"One day, he'll get mad as fire and tear Spitz to pieces."

«Одного дня він розлютиться, як вогонь, і розірве Шпіца на шматки».

"He'll chew that dog up and spit him on the frozen snow."

«Він розжує цього собаку та виплюне його на замерзлий сніг».

"Sure as anything, I know this deep in my bones."

«Звісно ж, я знаю це глибоко в глибині душі».

From that moment forward, the two dogs were locked in war.

З того моменту між двома собаками почалася війна.

Spitz led the team and held power, but Buck challenged that.

Шпітц очолював команду та мав владу, але Бак кинув цьому виклик.

Spitz saw his rank threatened by this odd Southland stranger.

Шпіц бачив, як цей дивний незнайомець з Півдня загрожує його рангу.

Buck was unlike any southern dog Spitz had known before.

Бак був не схожий на жодного південного собаку, якого Шпіц знав раніше.

Most of them failed—too weak to live through cold and hunger.

Більшість із них зазнали невдачі — вони були надто слабкі, щоб пережити холод і голод.

They died fast under labor, frost, and the slow burn of famine.

Вони швидко помирали від праці, морозу та повільного горіння голоду.

Buck stood apart—stronger, smarter, and more savage each day.

Бак виділявся — з кожним днем сильніший, розумніший і лютіший.

He thrived on hardship, growing to match the northern huskies.

Він процвітав у труднощах, виростаючи, щоб відповідати північним хаскі.

Buck had strength, wild skill, and a patient, deadly instinct.

Бак мав силу, шалену майстерність і терплячий, смертоносний інстинкт.

The man with the club had beaten rashness out of Buck.

Чоловік з кийком вибив з Бака необачність.

Blind fury was gone, replaced by quiet cunning and control.

Сліпа лють зникла, її замінили тиха хитрість і контроль.

He waited, calm and primal, watching for the right moment.

Він чекав, спокійний і первісний, вичікуючи слушного моменту.

Their fight for command became unavoidable and clear.

Їхня боротьба за командування стала неминучою та очевидною.

Buck desired leadership because his spirit demanded it.

Бак прагнув лідерства, бо цього вимагав його дух.

He was driven by the strange pride born of trail and harness.

Його рухала дивна гордість, народжена стежкою та упряжю.

That pride made dogs pull till they collapsed on the snow.

Ця гордість змушувала собак тягнути, аж поки вони не падали на сніг.

Pride lured them into giving all the strength they had.

Гордість спонукала їх віддати всю свою силу.

Pride can lure a sled-dog even to the point of death.

Гординя може заманити їздового собаку навіть до смерті.

Losing the harness left dogs broken and without purpose.

Втрата шлейки залишала собак розбитими та безцільними.

The heart of a sled-dog can be crushed by shame when they retire.

Серце їздового собаки може бути розчавлене від сорому, коли вони відходять на пенсію.

Dave lived by that pride as he dragged the sled from behind.
Дейв жив цією гордістю, тягнучи сани ззаду.

Solleks, too, gave his all with grim strength and loyalty.
Соллекс також віддавався всією своєю незмінною силою та вірністю.

Each morning, pride turned them from bitter to determined.
Щоранку гордість перетворювала їх з озлоблених на рішучих.

They pushed all day, then dropped silent at the camp's end.
Вони штовхалися цілий день, а потім замовкли на краю табору.

That pride gave Spitz the strength to beat shirkers into line.
Ця гордість дала Шпіцу сили змусити ухилячів від роботи вишикуватися.

Spitz feared Buck because Buck carried that same deep pride.
Шпіц боявся Бака, бо Бак мав у собі таку ж глибоку гордість.

Buck's pride now stirred against Spitz, and he did not stop.
Гордість Бака тепер обурилася проти Шпіца, і він не зупинився.

Buck defied Spitz's power and blocked him from punishing dogs.
Бак кинув виклик силі Шпіца та завадив йому покарати собак.

When others failed, Buck stepped between them and their leader.
Коли інші зазнавали невдачі, Бак ставав між ними та їхнім лідером.

He did this with intent, making his challenge open and clear.
Він зробив це навмисно, зробивши свій виклик відкритим і чітким.

On one night heavy snow blanketed the world in deep silence.

Однієї ночі сильний сніг огорнув світ глибокою тишею.

The next morning, Pike, lazy as ever, did not rise for work.

Наступного ранку Пайк, лінивіший, як завжди, не встав на роботу.

He stayed hidden in his nest beneath a thick layer of snow.

Він ховався у своєму гнізді під товстим шаром снігу.

François called out and searched, but could not find the dog.

Франсуа гукнув і почав шукати, але не зміг знайти собаку.

Spitz grew furious and stormed through the snow-covered camp.

Шпіц розлютився та промчав крізь засніжений табір.

He growled and sniffed, digging madly with blazing eyes.

Він гарчав і шморгав носом, шалено копаючи палаючими очима.

His rage was so fierce that Pike shook under the snow in fear.

Його лють була такою люттю, що Пайк затремтів під снігом від страху.

When Pike was finally found, Spitz lunged to punish the hiding dog.

Коли Пайка нарешті знайшли, Шпіц кинувся покарати собаку, що сховався.

But Buck sprang between them with a fury equal to Spitz's own.

Але Бак стрибнув між ними з люттю, не меншою за Шпіца.

The attack was so sudden and clever that Spitz fell off his feet.

Атака була настільки раптовою та хитрою, що Шпіц упав з ніг.

Pike, who had been shaking, took courage from this defiance.

Пайк, якого весь тремтів, набрався сміливості після цього непокори.

He leapt on the fallen Spitz, following Buck's bold example.

Він стрибнув на поваленого Шпіца, наслідуючи сміливий приклад Бака.

Buck, no longer bound by fairness, joined the strike on Spitz.

Бак, більше не зв'язаний принципами справедливості, приєднався до страйку на Шпітці.

François, amused yet firm in discipline, swung his heavy lash.

Франсуа, розважений, але водночас непохитний у дисципліні, розмахнувся важким батогом.

He struck Buck with all his strength to break up the fight.

Він щосили вдарив Бака, щоб припинити бійку.

Buck refused to move and stayed atop the fallen leader.

Бак відмовився рухатися і залишився на полеглому лідері.

François then used the whip's handle, hitting Buck hard.

Тоді Франсуа скористався ручкою батога, сильно вдаривши Бака.

Staggering from the blow, Buck fell back under the assault.

Захитавшись від удару, Бак упав назад під натиском.

François struck again and again while Spitz punished Pike.

Франсуа бив знову і знову, поки Шпіц карав Пайка.

Days passed, and Dawson City grew nearer and nearer.

Дні минали, і Доусон-Сіті ставав все ближче й ближче.

Buck kept interfering, slipping between Spitz and other dogs.

Бак постійно втручався, проскакуючи між Шпіцем та іншими собаками.

He chose his moments well, always waiting for François to leave.

Він вміло вибирав моменти, завжди чекаючи, поки Франсуа піде.

Buck's quiet rebellion spread, and disorder took root in the team.

Тихий бунт Бака поширився, і в команді поширився безлад.

Dave and Solleks stayed loyal, but others grew unruly.

Дейв і Соллекс залишилися вірними, але інші стали непокірними.

The team grew worse — restless, quarrelsome, and out of line.

Команда ставала дедалі гіршою — неспокійною, сварливою та невідповідною.

Nothing worked smoothly anymore, and fights became common.

Нічого більше не працювало гладко, і бійки стали звичним явищем.

Buck stayed at the heart of the trouble, always provoking unrest.

Бак залишався в самому центрі конфлікту, завжди провокуючи заворушення.

François stayed alert, afraid of the fight between Buck and Spitz.

Франсуа залишався напоготові, боячись бійки між Баком і Шпіцем.

Each night, scuffles woke him, fearing the beginning finally arrived.

Щоночі його будили бійки, він боявся, що нарешті настав початок.

He leapt from his robe, ready to break up the fight.

Він зіскочив з мантії, готовий розірвати бійку.

But the moment never came, and they reached Dawson at last.

Але цей момент так і не настав, і вони нарешті дісталися Доусона.

The team entered the town one bleak afternoon, tense and quiet.

Одного похмурого дня команда в'їхала до міста, напружена та тиха.

The great battle for leadership still hung in the frozen air.

Велика битва за лідерство все ще висіла в замерзлому повітрі.

Dawson was full of men and sled-dogs, all busy with work.

Доусон був сповнений чоловіків та їздових собак, усі зайняті роботою.

Buck watched the dogs pull loads from morning until night.

Бак спостерігав, як собаки тягли вантажі з ранку до вечора.

They hauled logs and firewood, freighted supplies to the mines.

Вони перевозили колоди та дрова, вантажили припаси до шахт.

Where horses once worked in the Southland, dogs now labored.

Там, де колись на Півдні працювали коні, тепер трудилися собаки.

Buck saw some dogs from the South, but most were wolf-like huskies.

Бак бачив кількох собак з півдня, але більшість із них були схожі на вовків-хаскі.

At night, like clockwork, the dogs raised their voices in song.

Вночі, як годинник, собаки підвищували голоси у пісні.

At nine, at midnight, and again at three, the singing began.

О дев'ятій, опівночі і знову о третій починався спів.

Buck loved joining their eerie chant, wild and ancient in sound.

Бак любив приєднуватися до їхнього моторошного співу, дикого та стародавнього за звучанням.

The aurora flamed, stars danced, and snow blanketed the land.

Палахнуло полярне сяйво, танцювали зірки, а землю вкрив сніг.

The dogs' song rose as a cry against silence and bitter cold.

Собачий спів піднявся, немов крик проти тиші та лютого холоду.

But their howl held sorrow, not defiance, in every long note.

Але в кожній довгій ноті їхнього виття чувся смуток, а не виклик.

Each wailing cry was full of pleading; the burden of life itself.

Кожен плач був сповнений благання; тягарем самого життя.

That song was old—older than towns, and older than fires

Та пісня була старою — давнішою за міста і давнішою за пожежі

That song was more ancient even than the voices of men.

Та пісня була навіть давнішою за людські голоси.

It was a song from the young world, when all songs were sad.

Це була пісня з молодого світу, коли всі пісні були сумними.

The song carried sorrow from countless generations of dogs.

Пісня несла в собі смуток незлічених поколінь собак.

Buck felt the melody deeply, moaning from pain rooted in the ages.

Бак глибоко відчув мелодію, стогнучи від болю, що сягав корінням у віки.

He sobbed from a grief as old as the wild blood in his veins.

Він ридав від горя, такого ж старого, як шалена кров у його жилах.

The cold, the dark, and the mystery touched Buck's soul.

Холод, темрява та таємничість торкнулися душі Бака.

That song proved how far Buck had returned to his origins.

Ця пісня довела, наскільки далеко Бак повернувся до своїх витоків.

Through snow and howling he had found the start of his own life.

Крізь сніг та виття він знайшов початок власного життя.

Seven days after arriving in Dawson, they set off once again.

Через сім днів після прибуття до Доусона вони знову вирушили в дорогу.

The team dropped from the Barracks down to the Yukon Trail.

Команда спустилася з казарм до Юконської стежки.

They began the journey back toward Dyea and Salt Water.

Вони почали подорож назад до Дайї та Солт-Вотер.

Perrault carried dispatches even more urgent than before.

Перро перевозив депеші ще терміновіші, ніж раніше.

He was also seized by trail pride and aimed to set a record.

Його також охопила гордість за перемогу на трейлі, і він прагнув встановити рекорд.

This time, several advantages were on Perrault's side.

Цього разу кілька переваг були на боці Перро.

The dogs had rested for a full week and regained their strength.

Собаки відпочивали цілий тиждень і відновили свої сили.

The trail they had broken was now hard-packed by others.

Стежка, яку вони протоптали, тепер була міцно втоптана іншими.

In places, police had stored food for dogs and men alike.

У деяких місцях поліція зберігала їжу як для собак, так і для чоловіків.

Perrault traveled light, moving fast with little to weigh him down.

Перро подорожував без багажу, рухаючись швидко, маючи мало що, що його обтяжувало.

They reached Sixty-Mile, a fifty-mile run, by the first night.

Вони досягли Шістдесятої Милі, п'ятдесятимильної пробіжки, до першої ночі.

On the second day, they rushed up the Yukon toward Pelly.

На другий день вони кинулися вгору по Юкону до Пеллі.

But such fine progress came with much strain for François.

Але такий чудовий прогрес супроводжувався великими труднощами для Франсуа.

Buck's quiet rebellion had shattered the team's discipline.

Тихий бунт Бака підірвав дисципліну команди.

They no longer pulled together like one beast in the reins.

Вони більше не тягнулися разом, як один звір у віжах.

Buck had led others into defiance through his bold example.

Бак своїм сміливим прикладом спонукав інших до непокори.

Spitz's command was no longer met with fear or respect.

Наказ Шпіца більше не зустрічався зі страхом чи повагою.

The others lost their awe of him and dared to resist his rule.

Інші втратили перед ним благоговіння та наважилися чинити опір його правлінню.

One night, Pike stole half a fish and ate it under Buck's eye.
Одного разу вночі Пайк вкрав піврибини та з'їв її під оком у Бака.

Another night, Dub and Joe fought Spitz and went unpunished.
Іншої ночі Даб і Джо побилися зі Шпіцем і залишилися безкарними.

Even Billee whined less sweetly and showed new sharpness.
Навіть Біллі скиглила менш солодко та виявила нову гостроту.

Buck snarled at Spitz every time they crossed paths.
Бак гарчав на Шпіца щоразу, коли вони перетиналися.

Buck's attitude grew bold and threatening, nearly like a bully.
Постава Бака стала зухвалою та загрозливою, майже як у хулігана.

He paced before Spitz with a swagger, full of mocking menace.
Він походжав перед Шпіцем із чванливою появою, сповненою глузливої погрози.

That collapse of order also spread among the sled-dogs.
Цей крах порядку поширився і серед їздових собак.

They fought and argued more than ever, filling camp with noise.
Вони билися та сперечалися більше, ніж будь-коли, наповнюючи табір гамором.

Camp life turned into a wild, howling chaos each night.
Табірне життя щоночі перетворювалося на дикий, виючий хаос.

Only Dave and Solleks remained steady and focused.
Тільки Дейв і Соллекс залишалися стійкими та зосередженими.

But even they became short-tempered from the constant brawls.
Але навіть вони стали запальними через постійні бійки.

François cursed in strange tongues and stomped in frustration.

Франсуа вилаявся дивними мовами та розчаровано тупнув ногами.

He tore at his hair and shouted while snow flew underfoot.

Він рвів на собі волосся і кричав, поки під ногами летів сніг.

His whip snapped across the pack but barely kept them in line.

Його батіг клацнув по зграї, але ледве втримав їх у черзі.

Whenever his back was turned, the fighting broke out again.

Щоразу, коли він повертався спиною, бійка спалахувала знову.

François used the lash for Spitz, while Buck led the rebels.

Франсуа використав батіг для Шпіца, поки Бак очолював повстанців.

Each knew the other's role, but Buck avoided any blame.

Кожен знав роль іншого, але Бак уникав будь-яких звинувачень.

François never caught Buck starting a fight or shirking his job.

Франсуа ніколи не ловив Бака на тому, щоб він починав бійку чи ухилявся від роботи.

Buck worked hard in harness—the toil now thrilled his spirit.

Бак наполегливо працював у упряжі — важка праця тепер хвилювала його дух.

But he found even more joy in stirring fights and chaos in camp.

Але ще більше радості він знаходив у розпалюванні бійок та хаосу в таборі.

At the Tahkeena's mouth one evening, Dub startled a rabbit.

Одного вечора біля пащі Тахкіни Дуб налякав кролика.

He missed the catch, and the snowshoe rabbit sprang away.

Він не встиг зачепитися, і заєць-снігоступи відскочив геть.

In seconds, the entire sled team gave chase with wild cries.

За лічені секунди вся упряжка з дикими криками кинулася в погоню.

Nearby, a Northwest Police camp housed fifty husky dogs.

Неподалік, у таборі поліції Північно-Західного регіону, тримали п'ятдесят собак породи хаскі.

They joined the hunt, surging down the frozen river together.

Вони приєдналися до полювання, разом мчачи вниз по замерзлій річці.

The rabbit turned off the river, fleeing up a frozen creek bed.

Кролик звернув з річки, тікаючи вгору замерзлим руслом струмка.

The rabbit skipped lightly over snow while the dogs struggled through.

Кролик легко підстрибував по снігу, поки собаки пробиралися крізь нього.

Buck led the massive pack of sixty dogs around each twisting bend.

Бак вів величезну зграю з шістдесяти собак за кожним звивистим поворотом.

He pushed forward, low and eager, but could not gain ground.

Він просувався вперед, низько та завзято, але не міг набрати обертів.

His body flashed under the pale moon with each powerful leap.

Його тіло миготіло під блідим місяцем з кожним потужним стрибком.

Ahead, the rabbit moved like a ghost, silent and too fast to catch.

Попереду кролик рухався, немов привид, безшумний і надто швидкий, щоб його впіймати.

All those old instincts—the hunger, the thrill—rushed through Buck.

Усі ці старі інстинкти — голод, трепет — пронизали Бака.

Humans feel this instinct at times, driven to hunt with gun and bullet.

Люди часом відчувають цей інстинкт, спонукані полювати з рушницею та кулею.

But Buck felt this feeling on a deeper and more personal level.

Але Бак відчував це почуття на глибшому та більш особистому рівні.

They could not feel the wild in their blood the way Buck could feel it.

Вони не могли відчувати дикість у своїй крові так, як її відчував Бак.

He chased living meat, ready to kill with his teeth and taste blood.

Він гнався за живим м'ясом, готовий убити зубами та скуштувати крові.

His body strained with joy, wanting to bathe in warm red life.

Його тіло напружувалося від радості, бажаючи купатися в теплому червоному житті.

A strange joy marks the highest point life can ever reach.

Дивна радість знаменує собою найвищу точку, якої може досягти життя.

The feeling of a peak where the living forget they are even alive.

Відчуття вершини, де живі забувають, що вони взагалі живі.

This deep joy touches the artist lost in blazing inspiration.

Ця глибока радість зворушує митця, зануреного у палке натхнення.

This joy seizes the soldier who fights wildly and spares no foe.

Ця радість охоплює солдата, який бореться несамовито і не щадить ворога.

This joy now claimed Buck as he led the pack in primal hunger.

Ця радість тепер охопила Бака, коли він очолював зграю, сповнений первісного голоду.

He howled with the ancient wolf-cry, thrilled by the living chase.

Він завив стародавнім вовчим криком, захоплений живою погонею.

Buck tapped into the oldest part of himself, lost in the wild.

Бак торкнувся найдавнішої частини себе, загубленої в дикій природі.

He reached deep within, past memory, into raw, ancient time.

Він сягнув глибоко всередину, у минуле, у сирий, давній час.

A wave of pure life surged through every muscle and tendon.

Хвиля чистого життя пронизала кожен м'яз і сухожилля.

Each leap shouted that he lived, that he moved through death.

Кожен стрибок кричав, що він живий, що він рухається крізь смерть.

His body soared joyfully over still, cold land that never stirred.

Його тіло радісно ширяло над нерухомою, холодною землею, яка ніколи не ворушилася.

Spitz stayed cold and cunning, even in his wildest moments.

Шпіц залишався холоднокровним і хитрим, навіть у свої найсміливіші моменти.

He left the trail and crossed land where the creek curved wide.

Він зійшов зі стежки та перетнув місцевість там, де струмок широко вигинався.

Buck, unaware of this, stayed on the rabbit's winding path.

Бак, не підозрюючи про це, залишився на звивистій стежці кролика.

Then, as Buck rounded a bend, the ghost-like rabbit was before him.

Тоді, коли Бак завернув за поворот, перед ним з'явився кролик, схожий на привида.

He saw a second figure leap from the bank ahead of the prey.

Він побачив, як друга постать стрибнула з берега попереду здобичі.

The figure was Spitz, landing right in the path of the fleeing rabbit.

Фігурою був Шпіц, який приземлився прямо на шляху кролика, що тікав.

The rabbit could not turn and met Spitz's jaws in mid-air.

Кролик не міг повернутись і вдарився Шпіца щелепами в повітрі.

The rabbit's spine broke with a shriek as sharp as a dying human's cry.

Хребет кролика зламався від крику, різкого, як крик вмираючої людини.

At that sound—the fall from life to death—the pack howled loud.

На цей звук — падіння з життя у смерть — зграя голосно завила.

A savage chorus rose from behind Buck, full of dark delight.

З-за спини Бака пролунав дикий хор, сповнений похмурого захвату.

Buck gave no cry, no sound, and charged straight into Spitz.

Бак не крикнув, не видав жодного звуку і кинувся прямо на Шпіца.

He aimed for the throat, but struck the shoulder instead.

Він цілився в горло, але замість цього влучив у плече.

They tumbled through soft snow; their bodies locked in combat.

Вони котилися крізь м'який сніг; їхні тіла зчепилися в бою.

Spitz sprang up quickly, as if never knocked down at all.

Шпіц швидко схопився, ніби його й не збили.

He slashed Buck's shoulder, then leaped clear of the fight.

Він рубонув Бака по плечу, а потім відскочив від бійки.

Twice his teeth snapped like steel traps, lips curled and fierce.

Двічі його зуби клацнули, немов сталеві пастки, губи скривилися та люто відчувалися.

He backed away slowly, seeking firm ground under his feet.

Він повільно відступив, шукаючи твердого ґрунту під ногами.

Buck understood the moment instantly and fully.

Бак миттєво і повністю зрозумів момент.

The time had come; the fight was going to be a fight to the death.

Час настав; бій мав бути битвою не на життя, а на смерть.

The two dogs circled, growling, ears flat, eyes narrowed.

Двоє собак кружляли навколо, гарчачи, з приплющеними вухами та змученими очима.

Each dog waited for the other to show weakness or misstep.

Кожен собака чекав, поки інший проявить слабкість або зробить невдалий крок.

To Buck, the scene felt eerily known and deeply remembered.

Баку ця сцена здалася моторошно відомою та глибоко запам'ятовувалася.

The white woods, the cold earth, the battle under moonlight.

Білі ліси, холодна земля, битва під місячним сяйвом.

A heavy silence filled the land, deep and unnatural.

Важка тиша наповнила землю, глибока та неприродна.

No wind stirred, no leaf moved, no sound broke the stillness.

Жоден вітерець не ворухнувся, жоден листок не ворухнувся, жоден звук не порушив тиші.

The dogs' breaths rose like smoke in the frozen, quiet air.

Дихання собак здіймалося, мов дим, у замерзлому, тихому повітрі.

The rabbit was long forgotten by the pack of wild beasts.

Зграя диких звірів давно забула кролика.

These half-tamed wolves now stood still in a wide circle.

Ці напівприручені вовки тепер стояли нерухомо у широкому колі.

They were quiet, only their glowing eyes revealed their hunger.

Вони мовчали, лише їхні сяючі очі видавали їхній голод.

Their breath drifted upward, watching the final fight begin.

Їхнє дихання перехопило, коли вони спостерігали за початком фінальної битви.

To Buck, this battle was old and expected, not strange at all.

Для Бака ця битва була старою та очікуваною, зовсім не дивною.

It felt like a memory of something always meant to happen.

Це було схоже на спогад про щось, що завжди мало статися.

Spitz was a trained fighting dog, honed by countless wild brawls.

Шпіц був дресированим бійцівським собакою, відточеним незліченними дикими бійками.

From Spitzbergen to Canada, he had mastered many foes.

Від Шпіцбергена до Канади він підкорив багатьох ворогів.

He was filled with fury, but never gave control to rage.

Він був сповнений люті, але ніколи не давав собі волю.

His passion was sharp, but always tempered by hard instinct.

Його пристрасть була гострою, але завжди стримуваною жорстким інстинктом.

He never attacked until his own defense was in place.

Він ніколи не атакував, доки не забезпечив власний захист.

Buck tried again and again to reach Spitz's vulnerable neck.

Бак знову і знову намагався дотягнутися до вразливої шиї Шпіца.

But every strike was met by a slash from Spitz's sharp teeth.

Але кожен удар зустрічався різким ударом гострих зубів Шпіца.

Their fangs clashed, and both dogs bled from torn lips.

Їхні ікла зіткнулися, і в обох собак кров потекла з розірваних губ.

No matter how Buck lunged, he couldn't break the defense.

Як би Бак не робив випадів, він не міг прорвати захист.

He grew more furious, rushing in with wild bursts of power.

Він дедалі більше розлютився, кидаючись уперед з шаленими сплесками сили.

Again and again, Buck struck for the white throat of Spitz.

Знову й знову Бак бив по білій шийці Шпіца.

Each time Spitz evaded and struck back with a slicing bite.

Щоразу Шпіц ухилявся і завдавав удару у відповідь різким укусом.

Then Buck shifted tactics, rushing as if for the throat again.

Тоді Бак змінив тактику, знову кинувшись, ніби за горло.

But he pulled back mid-attack, turning to strike from the side.

Але він відступив під час атаки, повернувшись, щоб ударити збоку.

He threw his shoulder into Spitz, aiming to knock him down.

Він вдарив плечем Шпіца, прагнучи збити його з ніг.

Each time he tried, Spitz dodged and countered with a slash.

Щоразу, коли він намагався, Шпіц ухилявся та парирував ударом.

Buck's shoulder grew raw as Spitz leapt clear after every hit.

Плече Бака заболіло, коли Шпіц відстрибував після кожного удару.

Spitz had not been touched, while Buck bled from many wounds.

Шпіца не чіпали, тоді як Бак стікав кров'ю з численних ран.

Buck's breath came fast and heavy, his body slick with blood.

Бак важко й швидко дихав, його тіло було слизьким від крові.

The fight turned more brutal with each bite and charge.

З кожним укусом і атакою бійка ставала все жорстокішою.

Around them, sixty silent dogs waited for the first to fall.

Навколо них шістдесят мовчазних собак чекали, коли впаде перший.

If one dog dropped, the pack were going to finish the fight.

Якщо один собака впаде, зграя закінчить бійку.

Spitz saw Buck weakening, and began to press the attack.

Шпітц побачив, що Бак слабшає, і почав продовжувати атаку.

He kept Buck off balance, forcing him to fight for footing.

Він тримав Бака втраченою рівновагою, змушуючи його боротися за рівновагу.

Once Buck stumbled and fell, and all the dogs rose up.

Одного разу Бак спіткнувся та впав, і всі собаки підвелися.

But Buck righted himself mid-fall, and everyone sank back down.

Але Бак вирівнявся посеред падіння, і всі знову опустилися.

Buck had something rare—imagination born from deep instinct.

Бак мав щось рідкісне — уяву, народжену глибоким інстинктом.

He fought by natural drive, but he also fought with cunning.

Він бився, керуючись природним поривом, але також бився з хитрістю.

He charged again as if repeating his shoulder attack trick.

Він знову кинувся в атаку, ніби повторюючи свій трюк з атакою плечем.

But at the last second, he dropped low and swept beneath Spitz.

Але в останню секунду він низько опустився і пройшов під Шпіцем.

His teeth locked on Spitz's front left leg with a snap.

Його зуби з тріском вчепилися в передню ліву ногу Шпіца.

Spitz now stood unsteady, his weight on only three legs.

Шпіц тепер стояв невпевнено, спираючись лише на три ноги.

Buck struck again, tried three times to bring him down.

Бак знову вдарив, тричі спробував збити його.

On the fourth attempt he used the same move with success

З четвертої спроби він успішно використав той самий прийом

This time Buck managed to bite the right leg of Spitz.

Цього разу Баку вдалося вкусити Шпіца за праву ногу.

Spitz, though crippled and in agony, kept struggling to survive.

Шпіц, хоч і був покалічений та страждав, продовжував боротися за виживання.

He saw the circle of huskies tighten, tongues out, eyes glowing.

Він побачив, як коло хаскі стискається, висунувши язики, а очі сяють.

They waited to devour him, just as they had done to others.

Вони чекали, щоб поглинути його, як це робили з іншими.

This time, he stood in the center; defeated and doomed.

Цього разу він стояв посередині; переможений і приречений.

There was no option to escape for the white dog now.

Тепер у білого собаки не було жодного вибору втекти.

Buck showed no mercy, for mercy did not belong in the wild.

Бак не виявляв милосердя, бо милосердя не належало до дикої природи.

Buck moved carefully, setting up for the final charge.

Бак рухався обережно, готуючись до останньої атаки.

The circle of huskies closed in; he felt their warm breaths.

Коло хаскі зблизилося; він відчував їхнє тепле дихання.

They crouched low, prepared to spring when the moment came.

Вони низько присіли, готуючись стрибнути, коли настане слушний момент.

Spitz quivered in the snow, snarling and shifting his stance.

Шпіц тремтів на снігу, гарчав і пересувався з місця.

His eyes glared, lips curled, teeth flashing in desperate threat.

Його очі палали, губи скривилися, зуби блищали у відчайдушній погрозі.

He staggered, still trying to hold off the cold bite of death.

Він похитнувся, все ще намагаючись стримати холодний укус смерті.

He had seen this before, but always from the winning side.

Він бачив таке й раніше, але завжди з боку переможця.

Now he was on the losing side; the defeated; the prey; death.

Тепер він був на боці переможених; переможених; здобичі; смерті.

Buck circled for the final blow, the ring of dogs pressed closer.

Бак обійшов його, готовий завдати останнього удару, а кільце собак зблизилося.

He could feel their hot breaths; ready for the kill.

Він відчував їхнє гаряче дихання; готові були вбити.

A stillness fell; all was in its place; time had stopped.

Запанувала тиша; все стало на свої місця; час зупинився.

Even the cold air between them froze for one last moment.

Навіть холодне повітря між ними на останню мить замерзло.

Only Spitz moved, trying to hold off his bitter end.

Тільки Шпіц ворухнувся, намагаючись стримати свій гіркий кінець.

The circle of dogs was closing in around him, as was his destiny.

Коло собак звужувалося навколо нього, як і його доля.

He was desperate now, knowing what was about to happen.

Він був у відчаї, знаючи, що зараз станеться.

Buck sprang in, shoulder met shoulder one last time.

Бак стрибнув уперед, востаннє торкнувшись плеча.

The dogs surged forward, covering Spitz in the snowy dark.

Собаки кинулися вперед, прикриваючи Шпіца у сніжній темряві.

Buck watched, standing tall; the victor in a savage world.

Бак спостерігав, стоячи високо; переможець у дикому світі.

The dominant primordial beast had made its kill, and it was good.

Домінантний первісний звір здобув свою жертву, і це було добре.

He, Who Has Won to Mastership
Той, Хто Досяг Майстерності

"Eh? What did I say? I speak true when I say Buck is a devil."

«Е? Що я такого сказав? Я маю рацію, коли кажу, що Бак — диявол».

François said this the next morning after finding Spitz missing.

Франсуа сказав це наступного ранку, після того як виявив, що Шпіц зник.

Buck stood there, covered with wounds from the vicious fight.

Бак стояв там, вкритий ранами від жорстокої бійки.

François pulled Buck near the fire and pointed at the injuries.

Франсуа підтягнув Бака до вогню та показав на поранення.

"That Spitz fought like the Devik," said Perrault, eyeing the deep gashes.

«Цей Шпіц бився, як Девік», — сказав Перро, розглядаючи глибокі рани.

"And that Buck fought like two devils," François replied at once.

«І той Бак бився, як два дияволи», — одразу відповів Франсуа.

"Now we will make good time; no more Spitz, no more trouble."

«Тепер ми добре поспішимо; жодного Шпіца більше, жодних проблем».

Perrault was packing the gear and loaded the sled with care.

Перро пакував спорядження та обережно вантажив сани.

François harnessed the dogs in preparation for the day's run.

Франсуа запряг собак, готуючись до денної пробіжки.

Buck trotted straight to the lead position once held by Spitz.

Бак помчав прямо до лідируючої позиції, яку колись займав Шпітц.

But François, not noticing, led Solleks forward to the front.

Але Франсуа, не помічаючи цього, повів Соллекса вперед.

In François's judgment, Solleks was now the best lead-dog.

На думку Франсуа, Соллекс тепер був найкращим собакою-поводирем.

Buck sprang at Solleks in fury and drove him back in protest.

Бак розлючено кинувся на Соллекса та відштовхнув його назад на знак протесту.

He stood where Spitz once had stood, claiming the lead position.

Він стояв там, де колись стояв Шпіц, претендуючи на лідируючу позицію.

"Eh? Eh?" cried François, slapping his thighs in amusement.

«Е? Еге?» — вигукнув Франсуа, весело ляскаючи себе по стегнах.

"Look at Buck—he killed Spitz, now he wants to take the job!"

«Подивись на Бака — він убив Шпіца, а тепер хоче зайняти цю роботу!»

"Go away, Chook!" he shouted, trying to drive Buck away.

«Іди геть, Чуку!» — крикнув він, намагаючись прогнати Бака.

But Buck refused to move and stood firm in the snow.

Але Бак відмовився рухатися і твердо стояв на снігу.

François grabbed Buck by the scruff, dragging him aside.

Франсуа схопив Бака за шкірку й відтягнув його вбік.

Buck growled low and threateningly but did not attack.

Бак тихо та загрозливо гаркнув, але не атакував.

François put Solleks back in the lead, trying to settle the dispute

Франсуа вивів Соллекса вперед, намагаючись врегулювати суперечку.

The old dog showed fear of Buck and didn't want to stay.

Старий собака виявляв страх перед Баком і не хотів залишатися.

When François turned his back, Buck drove Solleks out again.

Коли Франсуа повернувся спиною, Бак знову вигнав Соллекса.

Solleks did not resist and quietly stepped aside once more.

Соллекс не чинив опору і знову тихо відійшов убік.

François grew angry and shouted, "By God, I fix you!"

Франсуа розсердився і закричав: «Боже мій, я тебе вилечу!»

He came toward Buck holding a heavy club in his hand.

Він підійшов до Бака, тримаючи в руці важку палицю.

Buck remembered the man in the red sweater well.

Бак добре пам'ятав чоловіка в червоному светрі.

He retreated slowly, watching François, but growling deeply.

Він повільно відступив, спостерігаючи за Франсуа, але глибоко гарчачи.

He did not rush back, even when Solleks stood in his place.

Він не поспішив назад, навіть коли Соллекс став на його місці.

Buck circled just beyond reach, snarling in fury and protest.

Бак кружляв трохи поза межами досяжності, гарчачи від люті та протесту.

He kept his eyes on the club, ready to dodge if François threw.

Він не відводив очей від кийка, готовий ухилитися, якщо Франсуа кине.

He had grown wise and wary in the ways of men with weapons.

Він став мудрішим і обережнішим у поводженні з людьми зі зброєю.

François gave up and called Buck to his former place again.

Франсуа здався і знову покликав Бака на своє попереднє місце.

But Buck stepped back cautiously, refusing to obey the order.

Але Бак обережно відступив, відмовляючись виконувати наказ.

François followed, but Buck only retreated a few steps more.

Франсуа пішов за ним, але Бак відступив лише на кілька кроків.

After some time, François threw the weapon down in frustration.

Через деякий час Франсуа у розпачі кинув зброю.

He thought Buck feared a beating and was going to come quietly.

Він думав, що Бак боїться побиття і збирається прийти тихенько.

But Buck wasn't avoiding punishment—he was fighting for rank.

Але Бак не уникав покарання — він боровся за звання.

He had earned the lead-dog spot through a fight to the death

Він заслужив місце собаки-поводиря битвою до смерті

he was not going to settle for anything less than being the leader.

він не збирався погоджуватися на менше, ніж бути лідером.

Perrault took a hand in the chase to help catch the rebellious Buck.

Перро долучився до погоні, щоб допомогти спіймати непокірного Бака.

Together, they ran him around the camp for nearly an hour.

Разом вони майже годину ганяли його по табору.

They hurled clubs at him, but Buck dodged each one skillfully.

Вони кидали в нього кийки, але Бак вміло ухилявся від кожної.

They cursed him, his ancestors, his descendants, and every hair on him.

Вони прокляли його, його предків, його нащадків і кожну волосину на ньому.

But Buck only snarled back and stayed just out of their reach.

Але Бак лише гаркнув у відповідь і тримався поза їхньою досяжністю.

He never tried to run away but circled the camp deliberately.

Він ніколи не намагався втекти, а навмисно обходив табір.

He made it clear he was going to obey once they gave him what he wanted.

Він чітко дав зрозуміти, що підкориться, як тільки вони дадуть йому те, що він хоче.

François finally sat down and scratched his head in frustration.

Франсуа нарешті сів і роздратовано почухав голову.

Perrault checked his watch, swore, and muttered about lost time.

Перро глянув на годинник, вилаявся і пробурмотів щось про втрачений час.

An hour had already passed when they should have been on the trail.

Вже минула година з того часу, як вони мали бути на стежці.

François shrugged sheepishly at the courier, who sighed in defeat.

Франсуа сором'язливо знизав плечима, дивлячись на кур'єра, який зітхнув з поразкою.

Then François walked to Solleks and called out to Buck once more.

Потім Франсуа підійшов до Соллекса і ще раз гукнув Бака.

Buck laughed like a dog laughs, but kept his cautious distance.

Бак реготав, як собака, але тримався на обережній дистанції.

François removed Solleks's harness and returned him to his spot.

Франсуа зняв із Соллекса шлейку та повернув його на місце.

The sled team stood fully harnessed, with only one spot unfilled.

Санна була повністю запряжена, залишаючи лише одне вільне місце.

The lead position remained empty, clearly meant for Buck alone.
Лідерська позиція залишалася порожньою, явно призначеною лише для Бака.

François called again, and again Buck laughed and held his ground.
Франсуа знову гукнув, і Бак знову засміявся та встояв на своєму.

"Throw down the club," Perrault ordered without hesitation.
«Кинь кийок», — без вагань наказав Перро.

François obeyed, and Buck immediately trotted forward proudly.
Франсуа послухався, і Бак одразу ж гордо попрямував уперед.

He laughed triumphantly and stepped into the lead position.
Він переможно засміявся і зайняв лідируючу позицію.

François secured his traces, and the sled was broken loose.
Франсуа закріпив свої сліди, і сани відірвались.

Both men ran alongside as the team raced onto the river trail.
Обидва чоловіки бігли поруч, коли команда мчала стежкою вздовж річки.

François had thought highly of Buck's "two devils,"
Франсуа мав високу думку про «двох дияволів» Бака

but he soon realized he had actually underestimated the dog.
але невдовзі він зрозумів, що насправді недооцінив собаку.

Buck quickly assumed leadership and performed with excellence.
Бак швидко взяв на себе лідерство та показав відмінні результати.

In judgment, quick thinking, and fast action, Buck surpassed Spitz.
У кмітливості, швидкому мисленні та швидких діях Бак перевершив Шпітца.

François had never seen a dog equal to what Buck now displayed.
Франсуа ніколи не бачив собаки, подібного до того, якого зараз демонстрував Бак.

But Buck truly excelled in enforcing order and commanding respect.

Але Бак справді досяг успіху в забезпеченні порядку та викликанні поваги.

Dave and Solleks accepted the change without concern or protest.

Дейв і Соллекс прийняли зміну без занепокоєння чи протестів.

They focused only on work and pulling hard in the reins.

Вони зосередилися лише на роботі та наполегливо тримали віжки.

They cared little who led, so long as the sled kept moving.

Їм було байдуже, хто веде, головне, щоб сани рухалися.

Billee, the cheerful one, could have led for all they cared.

Біллі, життєрадісна, могла б повести за собою як завгодно.

What mattered to them was peace and order in the ranks.

Для них головним був мир і порядок у лавах.

The rest of the team had grown unruly during Spitz's decline.

Решта команди стала неслухняною під час занепаду Шпіца.

They were shocked when Buck immediately brought them to order.

Вони були шоковані, коли Бак одразу ж навів їх до ладу.

Pike had always been lazy and dragging his feet behind Buck.

Пайк завжди був лінивим і тягнувся за Баком.

But now was sharply disciplined by the new leadership.

Але тепер нове керівництво суворо його дисциплінувало.

And he quickly learned to pull his weight in the team.

І він швидко навчився брати на себе відповідальність у команді.

By the end of the day, Pike worked harder than ever before.

До кінця дня Пайк працював старанніше, ніж будь-коли раніше.

That night in camp, Joe, the sour dog, was finally subdued.

Тієї ночі в таборі Джо, кислий пес, нарешті був приборканий.

Spitz had failed to discipline him, but Buck did not fail.

Шпіц не зміг його покарати, але Бак не підвів.

Using his greater weight, Buck overwhelmed Joe in seconds.

Використовуючи свою більшу вагу, Бак за лічені секунди здолав Джо.

He bit and battered Joe until he whimpered and ceased resisting.

Він кусав і бив Джо, доки той не заскиглив і не перестав чинити опір.

The whole team improved from that moment on.

З того моменту вся команда покращилася.

The dogs regained their old unity and discipline.

Собаки повернули собі колишню єдність і дисципліну.

At Rink Rapids, two new native huskies, Teek and Koona, joined.

У Рінк-Рапідс до нас приєдналися два нових місцевих хаскі, Тік та Куна.

Buck's swift training of them astonished even François.

Швидке навчання Баком вразило навіть Франсуа.

"Never was there such a dog as that Buck!" he cried in amazement.

«Ніколи не було такого собаки, як цей Бак!» — вигукнув він з подивом.

"No, never! He's worth one thousand dollars, by God!"

«Ні, ніколи! Він же вартий тисячі доларів, їй-богу!»

"Eh? What do you say, Perrault?" he asked with pride.

«Га? Що ви скажете, Перро?» — спитав він з гордістю.

Perrault nodded in agreement and checked his notes.

Перро кивнув на знак згоди та перевірив свої нотатки.

We're already ahead of schedule and gaining more each day.

Ми вже випереджаємо графік і з кожним днем набираємо обертів.

The trail was hard-packed and smooth, with no fresh snow.

Стежка була твердою та гладкою, без свіжого снігу.

The cold was steady, hovering at fifty below zero throughout.

Холод був стабільним, весь час тримаючись на позначці п'ятдесят градусів нижче нуля.

The men rode and ran in turns to keep warm and make time.

Чоловіки їхали та бігли по черзі, щоб зігрітися та виграти час.

The dogs ran fast with few stops, always pushing forward.

Собаки бігли швидко, майже не зупиняючись, завжди штовхаючись уперед.

The Thirty Mile River was mostly frozen and easy to travel across.

Річка Тридцять-Майл була здебільшого замерзла і її було легко перетнути.

They went out in one day what had taken ten days coming in.

Вони вийшли за один день, на прибуття яких знадобилося десять днів.

They made a sixty-mile dash from Lake Le Barge to White Horse.

Вони здійснили шістдесятимильний ривок від озера Ле-Барж до Білого Коня.

Across Marsh, Tagish, and Bennett Lakes they moved incredibly fast.

Через озера Марш, Тагіш та Беннетт вони рухалися неймовірно швидко.

The running man towed behind the sled on a rope.

Бігун тягнув за санками мотузку.

On the last night of week two they got to their destination.

В останню ніч другого тижня вони дісталися до місця призначення.

They had reached the top of White Pass together.

Вони разом досягли вершини Білого перевалу.

They dropped down to sea level with Skaguay's lights below them.

Вони спустилися до рівня моря, а вогні Скагуея були під ними.

It had been a record-setting run across miles of cold wilderness.

Це був рекордний пробіг через багатокілометрову холодну пустелю.

For fourteen days straight, they averaged a strong forty miles.

Протягом чотирнадцяти днів поспіль вони в середньому долали сорок миль.

In Skaguay, Perrault and François moved cargo through town.

У Скагуеї Перро та Франсуа перевозили вантажі через місто.

They were cheered and offered many drinks by admiring crowds.

Захоплені натовпи вітали їх оплесками та пропонували багато напоїв.

Dog-busters and workers gathered around the famous dog team.

Щуни-собаки та працівники зібралися навколо відомої собачої упряжки.

Then western outlaws came to town and met violent defeat.

Потім до міста прийшли західні злочинці та зазнали жорстокої поразки.

The people soon forgot the team and focused on new drama.

Люди швидко забули про команду та зосередилися на новій драмі.

Then came the new orders that changed everything at once.

Потім з'явилися нові накази, які одразу все змінили.

François called Buck to him and hugged him with tearful pride.

Франсуа покликав Бака до себе та обійняв його зі сльозами на очах.

That moment was the last time Buck ever saw François again.

Того моменту Бак востаннє бачив Франсуа.

Like many men before, both François and Perrault were gone.

Як і багато чоловіків до цього, і Франсуа, і Перро вже не було в живих.

A Scotch half-breed took charge of Buck and his sled dog teammates.

Шотландський метис взяв на себе відповідальність за Бака та його товаришів по команді їздових собак.

With a dozen other dog teams, they returned along the trail to Dawson.

З десятком інших собачих упряжок вони повернулися стежкою до Доусона.

It was no fast run now—just heavy toil with a heavy load each day.

Це вже не був швидкий біг — лише важка праця з важким вантажем щодня.

This was the mail train, bringing word to gold hunters near the Pole.

Це був поштовий поїзд, який віз звістки мисливцям за золотом поблизу полюса.

Buck disliked the work but bore it well, taking pride in his effort.

Баку не подобалася ця робота, але він добре її зносив, пишаючись своїми зусиллями.

Like Dave and Solleks, Buck showed devotion to every daily task.

Як і Дейв і Соллекс, Бак виявляв відданість кожному щоденному завданню.

He made sure his teammates each pulled their fair weight.

Він подбав про те, щоб кожен з його товаришів по команді зробив свою справу.

Trail life became dull, repeated with the precision of a machine.

Життя на стежці стало нудним, повторюваним з точністю машини.

Each day felt the same, one morning blending into the next.

Кожен день був однаковим, один ранок зливався з наступним.

At the same hour, the cooks rose to build fires and prepare food.

Тієї ж години кухарі встали, щоб розпалити багаття та приготувати їжу.

After breakfast, some left camp while others harnessed the dogs.

Після сніданку дехто покинув табір, а інші запрягли собак.

They hit the trail before the dim warning of dawn touched the sky.

Вони вийшли на стежку ще до того, як небо торкнулося тьмяних променів світанку.

At night, they stopped to make camp, each man with a set duty.

Вночі вони зупинялися, щоб розбити табір, кожен чоловік мав свій обов'язок.

Some pitched the tents, others cut firewood and gathered pine boughs.

Дехто розбивав намети, інші рубали дрова та збирали соснове гілля.

Water or ice was carried back to the cooks for the evening meal.

На вечерю кухарям несли воду або лід.

The dogs were fed, and this was the best part of the day for them.

Собак нагодували, і це була для них найкраща частина дня.

After eating fish, the dogs relaxed and lounged near the fire.

Після того, як собаки поїли риби, вони розслабилися та відпочили біля вогнища.

There were a hundred other dogs in the convoy to mingle with.

У колоні було ще близько сотні собак, з якими можна було спілкуватися.

Many of those dogs were fierce and quick to fight without warning.

Багато з цих собак були лютими та швидко билися без попередження.

But after three wins, Buck mastered even the fiercest fighters.

Але після трьох перемог Бак опанував навіть найзапекліших бійців.

Now when Buck growled and showed his teeth, they stepped aside.

Тепер, коли Бак загарчав і показав зуби, вони відступили вбік.

Perhaps best of all, Buck loved lying near the flickering campfire.

Мабуть, найбільше Бак любив лежати біля мерехтливого багаття.

He crouched with hind legs tucked and front legs stretched ahead.

Він присів, підібгавши задні лапи та витягнувши передні вперед.

His head was raised as he blinked softly at the glowing flames.

Він підняв голову, ледь помітно кліпаючи очима на сяюче полум'я.

Sometimes he recalled Judge Miller's big house in Santa Clara.

Іноді він згадував великий будинок судді Міллера в Санта-Кларі.

He thought of the cement pool, of Ysabel, and the pug called Toots.

Він подумав про цементний басейн, про Ізабель та мопса на ім'я Тутс.

But more often he remembered the man with the red sweater's club.

Але частіше він згадував чоловіка з кийком у червоному светрі.

He remembered Curly's death and his fierce battle with Spitz.

Він згадав смерть Кучерява та його запеклу битву зі Шпіцем.

He also recalled the good food he had eaten or still dreamed of.

Він також згадував смачну їжу, яку їв або про яку досі мріяв.

Buck was not homesick—the warm valley was distant and unreal.

Бак не сумував за домівкою — тепла долина була далекою та нереальною.

Memories of California no longer held any real pull over him.

Спогади про Каліфорнію більше не мали на нього жодного справжнього впливу.

Stronger than memory were instincts deep in his bloodline.

Сильнішими за пам'ять були інстинкти, глибоко закладені в його крові.

Habits once lost had returned, revived by the trail and the wild.

Колись втрачені звички повернулися, відроджені стежкою та дикою природою.

As Buck watched the firelight, it sometimes became something else.

Коли Бак спостерігав за світлом вогню, воно часом ставало чимось іншим.

He saw in the firelight another fire, older and deeper than the present one.

У світлі каміна він побачив інше вогнище, старше та глибше за теперішнє.

Beside that other fire crouched a man unlike the half-breed cook.

Біля того іншого вогню причаївся чоловік, несхожий на кухаря-метиса.

This figure had short legs, long arms, and hard, knotted muscles.

Ця фігура мала короткі ноги, довгі руки та тверді, вузлуваті м'язи.

His hair was long and matted, sloping backward from the eyes.

Його волосся було довге й скуйовджене, воно спадало назад від очей.

He made strange sounds and stared out in fear at the darkness.

Він видавав дивні звуки та з переляком дивився на темряву.

He held a stone club low, gripped tightly in his long rough hand.

Він низько тримав кам'яну палицю, міцно затиснуту в довгій шорсткій руці.

The man wore little; just a charred skin that hung down his back.

Чоловік був майже не одягнений; лише обвуглена шкіра, що звисала з його спини.

His body was covered with thick hair across arms, chest, and thighs.

Його тіло було вкрите густим волоссям на руках, грудях і стегнах.

Some parts of the hair were tangled into patches of rough fur.

Деякі частини волосся були переплутані в клапті грубого хутра.

He did not stand straight but bent forward from the hips to knees.

Він не стояв прямо, а нахилився вперед від стегон до колін.

His steps were springy and catlike, as if always ready to leap.

Його кроки були пружними та котячими, ніби завжди готові стрибнути.

There was a sharp alertness, like he lived in constant fear.

Була якась різка пильність, ніби він жив у постійному страху.

This ancient man seemed to expect danger, whether the danger was seen or not.

Здавалося, що цей стародавній чоловік очікував небезпеки, незалежно від того, чи бачила вона небезпеку, чи ні.

At times the hairy man slept by the fire, head tucked between legs.

Часом волохатий чоловік спав біля вогню, засунувши голову між ніг.

His elbows rested on his knees, hands clasped above his head.

Його лікті лежали на колінах, руки були схрещені над головою.

Like a dog he used his hairy arms to shed off the falling rain.

Як собака, він використовував свої волохаті руки, щоб скидати з себе дощ, що падав.

Beyond the firelight, Buck saw twin coals glowing in the dark.

За світлом вогню Бак побачив, як у темряві сяють два вугілля.

Always two by two, they were the eyes of stalking beasts of prey.

Завжди по двоє, вони були очима хижих звірів, що переслідували їх.

He heard bodies crash through brush and sounds made in the night.

Він чув, як тіла провалюються крізь кущі, та звуки, що доносилися вночі.

Lying on the Yukon bank, blinking, Buck dreamed by the fire.

Лежачи на березі Юкону, кліпаючи очима, Бак мріяв біля вогнища.

The sights and sounds of that wild world made his hair stand up.

Від видовища та звуків цього дикого світу його волосся стало дибки.

The fur rose along his back, his shoulders, and up his neck.

Хутро стало дибки по його спині, плечах і шиї.

He whimpered softly or gave a low growl deep in his chest.

Він тихо скиглив або глибоко в грудях тихо гарчав.

Then the half-breed cook shouted, "Hey, you Buck, wake up!"

Тоді кухар-метис крикнув: «Гей, Баку, прокидайся!»

The dream world vanished, and real life returned to Buck's eyes.

Світ мрій зник, і реальне життя повернулося в очі Бака.

He was going to get up, stretch, and yawn, as if woken from a nap.

Він збирався встати, потягнутися та позіхнути, ніби прокинувся від дрімоти.

The trip was hard, with the mail sled dragging behind them.

Подорож була важкою, поштові сани тягнулися за ними.

Heavy loads and tough work wore down the dogs each long day.

Важкі вантажі та важка робота виснажували собак кожного довгого дня.

They reached Dawson thin, tired, and needing over a week's rest.

Вони дісталися до Доусона виснаженими, втомленими та потребуючи відпочинку понад тиждень.

But only two days later, they set out down the Yukon again.

Але лише через два дні вони знову вирушили вниз по Юкону.

They were loaded with more letters bound for the outside world.

Вони були навантажені ще більшою кількістю листів, що прямували до зовнішнього світу.

The dogs were exhausted and the men were complaining constantly.

Собаки були виснажені, а чоловіки постійно скаржилися.

Snow fell every day, softening the trail and slowing the sleds.

Сніг падав щодня, розм'якшуючи стежку та уповільнюючи рух санок.

This made for harder pulling and more drag on the runners.

Це призвело до важчого тягнення та більшого опору бігунам.

Despite that, the drivers were fair and cared for their teams.

Незважаючи на це, водії були справедливими та піклувалися про свої команди.

Each night, the dogs were fed before the men got to eat.

Щовечора собак годували, перш ніж чоловіки могли їсти.

No man slept before checking the feet of his own dog's.

Жоден чоловік не спав, не перевіривши ноги власного собаки.

Still, the dogs grew weaker as the miles wore on their bodies.

Однак, собаки слабшали, оскільки кілометри зношували їхні тіла.

They had traveled eighteen hundred miles through the winter.

За зиму вони подолали вісімсот миль.

They pulled sleds across every mile of that brutal distance.

Вони тягнули сани кожну милю цієї жорстокої відстані.

Even the toughest sled dogs feel strain after so many miles.

Навіть найвитриваліші їздові собаки відчувають напругу після стількох миль.

Buck held on, kept his team working, and maintained discipline.

Бак тримався, підтримував роботу своєї команди та дисципліну.

But Buck was tired, just like the others on the long journey.

Але Бак був втомлений, як і інші під час довгої подорожі.

Billee whimpered and cried in his sleep each night without fail.

Біллі щоночі без перерви скиглив і плакав уві сні.

Joe grew even more bitter, and Solleks stayed cold and distant.

Джо ще більше озлобився, а Соллекс залишався холодним і відстороненим.

But it was Dave who suffered the worst out of the entire team.

Але саме Дейв постраждав найбільше з усієї команди.

Something had gone wrong inside him, though no one knew what.

Щось у ньому пішло не так, хоча ніхто не знав що саме.

He became moodier and snapped at others with growing anger.

Він ставав похмурішим і з дедалі більшим гнівом огризався на інших.

Each night he went straight to his nest, waiting to be fed.

Щоночі він ішов прямо до свого гнізда, чекаючи, поки його нагодують.

Once he was down, Dave did not get up again till morning.

Як тільки він спустився, Дейв не вставав до ранку.

On the reins, sudden jerks or starts made him cry out in pain.

Різкі ривки чи здригання на віжах змушували його кричати від болю.

His driver searched for the cause, but found no injury on him.

Його водій з'ясував причину, але не виявив у нього жодних травм.

All the drivers began watching Dave and discussed his case.

Усі водії почали спостерігати за Дейвом та обговорювати його справу.

They talked at meals and during their final smoke of the day.

Вони розмовляли за їжею та під час останньої сигарети за день.

One night they held a meeting and brought Dave to the fire.

Одного вечора вони провели зустріч і привели Дейва до багаття.

They pressed and probed his body, and he cried out often.

Вони тиснули та торкалися його тіла, і він часто кричав.

Clearly, something was wrong, though no bones seemed broken.

Очевидно, щось було не так, хоча, здавалося, жодної кістки не було зламано.

By the time they reached Cassiar Bar, Dave was falling down.

Коли вони дісталися до бару «Кассіар», Дейв уже падав.

The Scotch half-breed called a halt and removed Dave from the team.

Шотландський метис оголосив зупинку та виключив Дейва з команди.

He fastened Solleks in Dave's place, closest to the sled's front.

Він прикріпив Соллекс на місці Дейва, найближче до передньої частини саней.

He meant to let Dave rest and run free behind the moving sled.

Він мав намір дати Дейву відпочити та вільно бігати за санками, що рухалися.

But even sick, Dave hated being taken from the job he had owned.

Але навіть хворий, Дейв ненавидів, коли його забирали з роботи, яку він мав.

He growled and whimpered as the reins were pulled from his body.

Він загарчав і заскиглив, коли з його тіла зняли віжки.

When he saw Solleks in his place, he cried with broken-hearted pain.

Коли він побачив Соллекса на своєму місці, то заплакав від розбитого серця болю.

The pride of trail work was deep in Dave, even as death approached.

Гордість за роботу на стежках глибоко відчувалася в Дейві, навіть коли наближалася смерть.

As the sled moved, Dave floundered through soft snow near the trail.

Коли сани рухалися, Дейв торкався м'якого снігу біля стежки.

He attacked Solleks, biting and pushing him from the sled's side.

Він напав на Соллекса, кусаючи та штовхаючи його з боку саней.

Dave tried to leap into the harness and reclaim his working spot.

Дейв спробував застрибнути в ремінь безпеки та
повернути собі робоче місце.

**He yelped, whined, and cried, torn between pain and pride
in labor.**

Він верещав, скиглив і плакав, розриваючись між болем і
гордістю за працю.

**The half-breed used his whip to try driving Dave away from
the team.**

Метис спробував своїм батогом відігнати Дейва від
команди.

**But Dave ignored the lash, and the man couldn't strike him
harder.**

Але Дейв проігнорував удар батогом, і чоловік не зміг
вдарити його сильніше.

**Dave refused the easier path behind the sled, where snow
was packed.**

Дейв відмовився від легшого шляху за санками, де був
утрамбований сніг.

**Instead, he struggled in the deep snow beside the trail, in
misery.**

Натомість він мучився у глибокому снігу біля стежки,
страждаючи.

**Eventually, Dave collapsed, lying in the snow and howling
in pain.**

Зрештою, Дейв знепритомнів, лежачи на снігу та виючи
від болю.

**He cried out as the long train of sleds passed him one by
one.**

Він скрикнув, коли довгий шлейф саней одна за одною
проїжджав повз нього.

**Still, with what strength remained, he rose and stumbled
after them.**

І все ж, з останніми силами, він підвівся і, спотикаючись,
пішов за ними.

**He caught up when the train stopped again and found his
old sled.**

Він наздогнав, коли поїзд знову зупинився, і знайшов свої
старі сани.

**He floundered past the other teams and stood beside Solleks
again.**

Він пройшов повз інші команди та знову став поруч із
Соллексом.

**As the driver paused to light his pipe, Dave took his last
chance.**

Коли водій зупинився, щоб закурити люльку, Дейв
скористався останньою нагодою.

**When the driver returned and shouted, the team didn't move
forward.**

Коли водій повернувся та крикнув, команда не рушила
вперед.

**The dogs had turned their heads, confused by the sudden
stoppage.**

Собаки повернули голови, збентежені раптовою
зупинкою.

**The driver was shocked too—the sled hadn't moved an inch
forward.**

Візник теж був шокований — сани не просунулися вперед
ні на дюйм.

**He called out to the others to come and see what had
happened.**

Він покликав інших, щоб ті підійшли та подивилися, що
сталося.

**Dave had chewed through Solleks's reins, breaking both
apart.**

Дейв перегриз віжки Соллекса, розламавши обидві навпіл.

**Now he stood in front of the sled, back in his rightful
position.**

Тепер він стояв перед санками, знову на своєму законному
місці.

**Dave looked up at the driver, silently pleading to stay in the
traces.**

Дейв подивився на водія, мовчки благаючи його не
збитися з колії.

The driver was puzzled, unsure of what to do for the struggling dog.

Водій був спантеличений, не знаючи, що робити з собакою, яка боролася.

The other men spoke of dogs who had died from being taken out.

Інші чоловіки говорили про собак, яких вивели на вулицю.

They told of old or injured dogs whose hearts broke when left behind.

Вони розповідали про старих або поранених собак, чиї серця розривалися, коли їх залишали без діла.

They agreed it was mercy to let Dave die while still in his harness.

Вони погодилися, що це милосердя — дозволити Дейву померти, поки він ще був у своїй упряжі.

He was fastened back onto the sled, and Dave pulled with pride.

Його знову прив'язали до саней, і Дейв гордо тягнув.

Though he cried out at times, he worked as if pain could be ignored.

Хоча він часом і кричав, він працював так, ніби біль можна було ігнорувати.

More than once he fell and was dragged before rising again.

Не раз він падав і його тягли, перш ніж знову піднятися.

Once, the sled rolled over him, and he limped from that moment on.

Одного разу сани перекинулися через нього, і з того моменту він шкутильгав.

Still, he worked until camp was reached, and then lay by the fire.

Однак він працював, доки не дістався табору, а потім ліг біля багаття.

By morning, Dave was too weak to travel or even stand upright.

До ранку Дейв був надто слабкий, щоб їхати чи навіть стояти прямо.

At harness-up time, he tried to reach his driver with trembling effort.

Коли час був застібатися, він тремтячим зусиллям спробував дотягнутися до свого візника.

He forced himself up, staggered, and collapsed onto the snowy ground.

Він з силою підвівся, захитався і впав на засніжену землю.

Using his front legs, he dragged his body toward the harnessing area.

Використовуючи передні лапи, він потягнув своє тіло до місця для кріплення.

He hitched himself forward, inch by inch, toward the working dogs.

Він посувався вперед, дюйм за дюймом, до робочих собак.

His strength gave out, but he kept moving in his last desperate push.

Його сили покинули, але він продовжував рухатися у своєму останньому відчайдушному поштовху.

His teammates saw him gasping in the snow, still longing to join them.

Його товариші по команді бачили, як він задихався на снігу, все ще прагнучи приєднатися до них.

They heard him howling with sorrow as they left the camp behind.

Вони чули, як він горько виє, коли залишали табір.

As the team vanished into trees, Dave's cry echoed behind them.

Коли команда зникла за деревами, крик Дейва луною пролунав позаду них.

The sled train halted briefly after crossing a stretch of river timber.

Санний поїзд ненадовго зупинився після перетину ділянки річкового лісу.

The Scotch half-breed walked slowly back toward the camp behind.

Шотландський метис повільно повертався до табору позаду.

The men stopped speaking when they saw him leave the sled train.

Чоловіки замовкли, побачивши, як він виходить із саней.

Then a single gunshot rang out clear and sharp across the trail.

Потім чітко та різко пролунав один постріл по стежці.

The man returned quickly and took up his place without a word.

Чоловік швидко повернувся і без жодного слова зайняв своє місце.

Whips cracked, bells jingled, and the sleds rolled on through snow.

Клацнули батоги, задзвеніли дзвіночки, а сани покотилися по снігу.

But Buck knew what had happened—and so did every other dog.

Але Бак знав, що сталося, — як і всі інші собаки.

The Toil of Reins and Trail
Праця віжок і стежки

Thirty days after leaving Dawson, the Salt Water Mail reached Skaguay.

Через тридцять днів після відпливу з Доусона пошта «Солоної води» прибула до Скагуея.

Buck and his teammates pulled the lead, arriving in pitiful condition.

Бак та його товариші по команді вийшли вперед, прибувши на трасу в жалюгідному стані.

Buck had dropped from one hundred forty to one hundred fifteen pounds.

Бак схуд зі ста сорока до ста п'ятнадцяти фунтів.

The other dogs, though smaller, had lost even more body weight.

Інші собаки, хоча й менші, втратили ще більше ваги тіла.

Pike, once a fake limper, now dragged a truly injured leg behind him.

Пайк, колись удаваний кульгавець, тепер тягнув за собою справді травмовану ногу.

Solleks was limping badly, and Dub had a wrenched shoulder blade.

Соллекс сильно кульгав, а в Дуба було вивихнуто лопатку.

Every dog in the team was footsore from weeks on the frozen trail.

У кожного собаки в упряжці ноги боліли від тижнів, проведених на замерзлій стежці.

They had no spring left in their steps, only slow, dragging motion.

У їхніх кроках не залишилося жодної пружності, лише повільний, тягнучий рух.

Their feet hit the trail hard, each step adding more strain to their bodies.

Їхні ноги важко вдарялися об стежку, кожен крок додавав більше навантаження на їхні тіла.

They were not sick, only drained beyond all natural recovery.

Вони не були хворі, лише виснажені до межі будь-якого природного одужання.

This was not tiredness from one hard day, cured with a night's rest.

Це не була втома від одного важкого дня, яку можна було вилікувати нічним відпочинком.

It was exhaustion built slowly through months of grueling effort.

Це було виснаження, що повільно наростало місяцями виснажливих зусиль.

No reserve strength remained—they had used up every bit they had.

Резервних сил не залишилося — вони використали все, що мали.

Every muscle, fiber, and cell in their bodies was spent and worn.

Кожен м'яз, волокно та клітина в їхніх тілах були виснажені та зношені.

And there was a reason—they had covered twenty-five hundred miles.

І на те була причина — вони подолали дві з половиною тисячі миль.

They had rested only five days during the last eighteen hundred miles.

Вони відпочивали лише п'ять днів протягом останніх вісімнадцятисот миль.

When they reached Skaguay, they looked barely able to stand upright.

Коли вони дісталися до Скагуея, то виглядали так, ніби ледве могли триматися на ногах.

They struggled to keep the reins tight and stay ahead of the sled.

Їм було важко тримати віжки міцно та залишатися попереду саней.

On downhill slopes, they only managed to avoid being run over.

На схилах вниз їм лише вдавалося уникнути наїзду.

"March on, poor sore feet," the driver said as they limped along.

«Вперед, бідні хворі ніжки», — сказав водій, коли вони шкутильгали.

"This is the last stretch, then we all get one long rest, for sure."

«Це останній відрізок, а потім ми всі точно зробимо один довгий відпочинок».

"One truly long rest," he promised, watching them stagger forward.

«Один справді довгий відпочинок», — пообіцяв він, спостерігаючи, як вони хитаються вперед.

The drivers expected they were going to now get a long, needed break.

Водії очікували, що тепер у них буде довга та необхідна перерва.

They had traveled twelve hundred miles with only two days' rest.

Вони подолали тисячу двісті миль, маючи лише два дні відпочинку.

By fairness and reason, they felt they had earned time to relax.

Справедливості заради та розуму, вони вважали, що заслужили час на відпочинок.

But too many had come to the Klondike, and too few had stayed home.

Але забагато людей прибуло до Клондайку, і замало тих, хто залишився вдома.

Letters from families flooded in, creating piles of delayed mail.

Листи від родин посипалися потоком, утворюючи купи затриманої пошти.

Official orders arrived—new Hudson Bay dogs were going to take over.

Надійшов офіційний наказ — нові собаки з Гудзонової затоки мали зайняти місце.

The exhausted dogs, now called worthless, were to be disposed of.

Виснажених собак, яких тепер вважали нікчемними, мали позбутися.

Since money mattered more than dogs, they were going to be sold cheaply.

Оскільки гроші мали більше значення, ніж собак, їх збиралися продавати дешево.

Three more days passed before the dogs felt just how weak they were.

Минуло ще три дні, перш ніж собаки відчули, наскільки вони слабкі.

On the fourth morning, two men from the States bought the whole team.

На четвертий ранок двоє чоловіків зі Штатів купили всю команду.

The sale included all the dogs, plus their worn harness gear.

У продаж входили всі собаки, а також їхня зношена шлейка.

The men called each other "Hal" and "Charles" as they completed the deal.

Завершуючи угоду, чоловіки називали один одного «Гал» і «Чарльз».

Charles was middle-aged, pale, with limp lips and fierce mustache tips.

Чарльз був середнього віку, блідий, з млявими губами та різкими кінчиками вусів.

Hal was a young man, maybe nineteen, wearing a cartridge-stuffed belt.

Гел був молодим чоловіком, можливо, дев'ятнадцяти років, на поясі з патронами.

The belt held a big revolver and a hunting knife, both unused.

На поясі лежали великий револьвер і мисливський ніж, обидва невикористані.

It showed how inexperienced and unfit he was for northern life.

Це показувало, наскільки він був недосвідчений і непридатний для північного життя.

Neither man belonged in the wild; their presence defied all reason.

Жоден з них не мав права жити в дикій природі; їхня присутність кидала виклик будь-якому розумному глузду.

Buck watched as money exchanged hands between buyer and agent.

Бак спостерігав, як покупець та агент обмінювалися грошима.

He knew the mail-train drivers were leaving his life like the rest.

Він знав, що машиністи поштових поїздів залишають його життя, як і всі інші.

They followed Perrault and François, now gone beyond recall.

Вони йшли за Перро та Франсуа, яких уже не було в пам'яті.

Buck and the team were led to their new owners' sloppy camp.

Бака та команду відвели до неохайного табору їхніх нових власників.

The tent sagged, dishes were dirty, and everything lay in disarray.

Намет прогинався, посуд був брудний, і все лежало в безладді.

Buck noticed a woman there too—Mercedes, Charles's wife and Hal's sister.

Бак помітив там і жінку — Мерседес, дружину Чарльза та сестру Гела.

They made a complete family, though far from suited to the trail.

Вони були повноцінною родиною, хоча й далеко не підходили для цієї стежки.

Buck watched nervously as the trio started packing the supplies.

Бак нервово спостерігав, як трійця почала пакувати припаси.

They worked hard but without order—just fuss and wasted effort.

Вони наполегливо працювали, але без порядку — лише метушня та марні зусилля.

The tent was rolled into a bulky shape, far too large for the sled.

Намет згорнувся у громіздку форму, занадто великий для саней.

Dirty dishes were packed without being cleaned or dried at all.

Брудний посуд був упакований, зовсім не помитий і не висушений.

Mercedes fluttered about, constantly talking, correcting, and meddling.

Мерседес пурхала навколо, безперервно розмовляючи, виправляючи та втручаючись.

When a sack was placed on front, she insisted it go on the back.

Коли мішок поклали спереду, вона наполягла, щоб його поклали ззаду.

She packed the sack in the bottom, and the next moment she needed it.

Вона сховала мішок на дно, і наступної миті він їй знадобився.

So the sled was unpacked again to reach the one specific bag.

Тож сани знову розпакували, щоб дістатися до однієї конкретної сумки.

Nearby, three men stood outside a tent, watching the scene unfold.

Неподалік троє чоловіків стояли біля намету, спостерігаючи за тим, що розгорталося.

They smiled, winked, and grinned at the newcomers' obvious confusion.

Вони посміхалися, підморгували та щиро всміхалися, бачачи очевидне збентеження новачків.

"You've got a right heavy load already," said one of the men.

«У тебе вже й так досить важкий вантаж», — сказав один із чоловіків.

"I don't think you should carry that tent, but it's your choice."

«Я не думаю, що тобі варто нести цей намет, але це твій вибір».

"Undreamed of!" cried Mercedes, throwing up her hands in despair.

«Неймовірно!» — вигукнула Мерседес, у відчаї змахнувши руками.

"How could I possibly travel without a tent to stay under?"

«Як я взагалі можу подорожувати без намету, під яким можна було б переночувати?»

"It's springtime—you won't see cold weather again," the man replied.

«Весна — більше ти не побачиш холодів», — відповів чоловік.

But she shook her head, and they kept piling items onto the sled.

Але вона похитала головою, а вони продовжували складати речі на сани.

The load towered dangerously high as they added the final things.

Вантаж небезпечно піднімався високо, поки вони додавали останні речі.

"Think the sled will ride?" asked one of the men with a skeptical look.

«Думаєш, сани поїдуть?» — скептично спитав один із чоловіків.

"Why shouldn't it?" Charles snapped back with sharp annoyance.

— Чому б і ні? — різко відрізав Чарльз.

"Oh, that's all right," the man said quickly, backing away from offense.

«О, все гаразд», — швидко сказав чоловік, відступаючи від образи.

"I was only wondering—it just looked a bit too top-heavy to me."

«Я просто хотів подумати — мені здалося, що зверху трохи занадто важко».

Charles turned away and tied down the load as best as he could.

Чарльз відвернувся і якнайкраще зав'язав вантаж.

But the lashings were loose and the packing poorly done overall.

Але кріплення були нещільно закріплені, а пакування загалом погано виконане.

"Sure, the dogs will pull that all day," another man said sarcastically.

«Звичайно, собаки тягнутимуть це цілий день», — саркастично сказав інший чоловік.

"Of course," Hal replied coldly, grabbing the sled's long gee-pole.

«Звичайно», — холодно відповів Гел, схопившись за довгу жердину саней.

With one hand on the pole, he swung the whip in the other.

Тримаючись однією рукою за жердинку, він розмахував батогом в іншій.

"Let's go!" he shouted. "Move it!" urging the dogs to start.

«Ходімо!» — крикнув він. «Рухайтеся!» — підштовхуючи собак рушати.

The dogs leaned into the harness and strained for a few moments.

Собаки нахилилися до шлейки та напружилися кілька хвилин.

Then they stopped, unable to budge the overloaded sled an inch.

Потім вони зупинилися, не в змозі зрушити перевантажені сани ні на дюйм.

"The lazy brutes!" Hal yelled, lifting the whip to strike them.

«Ліниві негідники!» — крикнув Гел, піднімаючи батіг, щоб ударити їх.

But Mercedes rushed in and seized the whip from Hal's hands.

Але Мерседес кинулася всередину і вихопила батіг з рук Гела.

"Oh, Hal, don't you dare hurt them," she cried in alarm.

«О, Геле, не смій їх ображати!» — стривожено вигукнула вона.

"Promise me you'll be kind to them, or I won't go another step."

«Пообіцяй мені, що будеш до них добрим, інакше я не зроблю ні кроку більше».

"You don't know a thing about dogs," Hal snapped at his sister.

«Ти нічого не знаєш про собак», — різко сказав Гел сестрі.

"They're lazy, and the only way to move them is to whip them."

«Вони ліниві, і єдиний спосіб їх зрушити з місця — це відшмагати батогом».

"Ask anyone—ask one of those men over there if you doubt me."

«Запитай будь-кого… запитай одного з тих чоловіків он там, якщо сумніваєшся в мені».

Mercedes looked at the onlookers with pleading, tearful eyes.

Мерседес подивилася на глядачів благальними, сльозливими очима.

Her face showed how deeply she hated the sight of any pain.

Її обличчя показувало, як глибоко вона ненавиділа будь-який біль.

"They're weak, that's all," one man said. "They're worn out."

«Вони слабкі, от і все», — сказав один чоловік. «Вони виснажені».

"They need rest—they've been worked too long without a break."

«Їм потрібен відпочинок — вони надто довго працювали без перерви».

"Rest be cursed," Hal muttered with his lip curled.

«Будь проклятий решта», — пробурмотів Гел, скрививши губи.

Mercedes gasped, clearly pained by the coarse word from him.

Мерседес ахнула, явно засмучена його грубим словом.

Still, she stayed loyal and instantly defended her brother.

Однак вона залишилася вірною та одразу стала на захист свого брата.

"Don't mind that man," she said to Hal. "They're our dogs."

«Не звертай уваги на цього чоловіка», — сказала вона Гелу. «Це наші собаки».

"You drive them as you see fit—do what you think is right."

«Керуйте ними, як вважаєте за потрібне — робіть те, що вважаєте правильним».

Hal raised the whip and struck the dogs again without mercy.

Гел підняв батіг і знову безжалісно вдарив собак.

They lunged forward, bodies low, feet pushing into the snow.

Вони кинулися вперед, низько пригнувшись, ногами впиваючись у сніг.

All their strength went into the pull, but the sled wasn't moving.

Вся їхня сила була спрямована на тягу, але сани не рухалися.

The sled stayed stuck, like an anchor frozen into the packed snow.

Сани застрягли, немов якір, застиглий у утрамбованому снігу.

After a second effort, the dogs stopped again, panting hard.

Після другої спроби собаки знову зупинилися, важко задихаючись.

Hal raised the whip once more, just as Mercedes interfered again.

Гел знову підняв батіг, якраз коли Мерседес знову втрутилася.

She dropped to her knees in front of Buck and hugged his neck.

Вона опустилася на коліна перед Баком і обійняла його за шию.

Tears filled her eyes as she pleaded with the exhausted dog.

Сльози наповнили її очі, коли вона благала виснаженого собаку.

"You poor dears," she said, "why don't you just pull harder?"

«Бідолашні ви, любі», — сказала вона, — «чому б вам просто не потягнути сильніше?»

"If you pull, then you won't get to be whipped like this."

«Якщо будеш тягнути, то тебе не будуть так шмагати».

Buck disliked Mercedes, but he was too tired to resist her now.

Бак не любив Мерседес, але зараз він був надто втомлений, щоб чинити їй опір.

He accepted her tears as just another part of the miserable day.

Він сприйняв її сльози як ще одну частину цього жалюгідного дня.

One of the watching men finally spoke after holding back his anger.

Один із чоловіків, що спостерігали, нарешті заговорив, стримавши гнів.

"I don't care what happens to you folks, but those dogs matter."

«Мені байдуже, що з вами станеться, але ці собаки мають значення».

"If you want to help, break that sled loose—it's frozen to the snow."

«Якщо хочеш допомогти, відчепи ці сани — вони примерзли до снігу».

"Push hard on the gee-pole, right and left, and break the ice seal."

«Сильніше натискай на вудку, праворуч і ліворуч, і розіб'єш крижану плівку».

A third attempt was made, this time following the man's suggestion.

Було зроблено третю спробу, цього разу за порадою чоловіка.

Hal rocked the sled from side to side, breaking the runners loose.

Гел розгойдував сани з боку в бік, розстібаючи полозки.

The sled, though overloaded and awkward, finally lurched forward.

Сани, хоч і перевантажені та незграбні, нарешті рвонули вперед.

Buck and the others pulled wildly, driven by a storm of whiplashes.

Бак та інші шалено тягнули, підганяні шквалом ударів батогом.

A hundred yards ahead, the trail curved and sloped into the street.

За сто ярдів попереду стежка вигиналася і спускалася на вулицю.

It was going to have taken a skilled driver to keep the sled upright.

Знадобився б досвідчений водій, щоб утримувати сани у вертикальному положенні.

Hal was not skilled, and the sled tipped as it swung around the bend.

Гел не був вправним, і сани перекинулися, коли вони різко повернули на повороті.

Loose lashings gave way, and half the load spilled onto the snow.

Розхитані мотузки обірвалися, і половина вантажу висипалася на сніг.

The dogs did not stop; the lighter sled flew along on its side.

Собаки не зупинялися; легші сани летіли набік.

Angry from abuse and the heavy burden, the dogs ran faster.

Розлючені від знущань та важкого тягаря, собаки побігли швидше.

Buck, in fury, broke into a run, with the team following behind.

Бак, розлючений, побіг, а команда йшла позаду.

Hal shouted "Whoa! Whoa!" but the team paid no attention to him.

Гел крикнув «Ого! Ого!», але команда не звернула на нього уваги.

He tripped, fell, and was dragged along the ground by the harness.

Він спіткнувся, упав, і його потягло по землі за ремінь безпеки.

The overturned sled bumped over him as the dogs raced on ahead.

Перекинуті сани перекотилися через нього, поки собаки мчали попереду.

The rest of the supplies scattered across Skaguay's busy street.

Решта припасів розкидалася по жвавій вулиці Скагвея.

Kind-hearted people rushed to stop the dogs and gather the gear.

Добросердечні люди кинулися зупиняти собак та збирати спорядження.

They also gave advice, blunt and practical, to the new travelers.

Вони також давали новим мандрівникам поради, прямі та практичні.

"If you want to reach Dawson, take half the load and double the dogs."

«Якщо хочеш дістатися до Доусона, візьми половину вантажу та вдвічі більше собак».

Hal, Charles, and Mercedes listened, though not with enthusiasm.

Гел, Чарльз і Мерседес слухали, хоча й не з ентузіазмом.

They pitched their tent and started sorting through their supplies.

Вони розбили намет і почали сортувати свої речі.

Out came canned goods, which made onlookers laugh aloud.

Звідти винесли консерви, що викликало у глядачів сміх.

"Canned stuff on the trail? You'll starve before that melts," one said.

«Консерви на стежці? Ти ж зголоднієш, перш ніж вони розтануть», — сказав один.

"Hotel blankets? You're better off throwing them all out."

«Готельні ковдри? Краще їх усі викинути».

"Ditch the tent, too, and no one washes dishes here."

«Покиньте і намет, і тут ніхто не миє посуд».

"You think you're riding a Pullman train with servants on board?"

«Ти думаєш, що їдеш у потязі Пульмана зі слугами на борту?»

The process began—every useless item was tossed to the side.

Процес почався — кожну непотрібну річ викинули вбік.

Mercedes cried when her bags were emptied onto the snowy ground.

Мерседес заплакала, коли її валізи висипали на засніжену землю.

She sobbed over every item thrown out, one by one without pause.

Вона ридала над кожною викинутою річчю, одну за одною без паузи.

She vowed not to go one more step—not even for ten Charleses.

Вона поклялася не зробити більше ні кроку — навіть за десять Чарльзів.

She begged each person nearby to let her keep her precious things.

Вона благала кожного, хто був поруч, дозволити їй залишити собі її дорогоцінні речі.

At last, she wiped her eyes and began tossing even vital clothes.

Нарешті вона витерла очі й почала викидати навіть найнеобхідніший одяг.

When done with her own, she began emptying the men's supplies.

Закінчивши зі своїми, вона почала спорожняти чоловічі припаси.

Like a whirlwind, she tore through Charles and Hal's belongings.

Як вихор, вона пронеслася крізь речі Чарльза та Гела.

Though the load was halved, it was still far heavier than needed.

Хоча вантаж зменшили вдвічі, він все одно був набагато важчим, ніж потрібно.

That night, Charles and Hal went out and bought six new dogs.

Тієї ночі Чарльз і Гел пішли і купили шістьох нових собак.

These new dogs joined the original six, plus Teek and Koona.

Ці нові собаки приєдналися до початкової шістьох, а також до Тіка та Куни.

Together they made a team of fourteen dogs hitched to the sled.

Разом вони утворили упряжку з чотирнадцяти собак, запряжених у сани.

But the new dogs were unfit and poorly trained for sled work.

Але нові собаки були непридатними та погано навченими для роботи на санях.

Three of the dogs were short-haired pointers, and one was a Newfoundland.

Троє собак були короткошерстими пойнтерами, а один був ньюфаундлендом.

The final two dogs were mutts of no clear breed or purpose at all.

Останні два собаки були дворнягами без чіткої породи чи призначення.

They didn't understand the trail, and they didn't learn it quickly.

Вони не розуміли стежки і не швидко її вивчили.

Buck and his mates watched them with scorn and deep irritation.

Бак та його товариші спостерігали за ними з презирством та глибоким роздратуванням.

Though Buck taught them what not to do, he could not teach duty.

Хоча Бак і навчив їх, чого не слід робити, він не міг навчити їх обов'язку.

They didn't take well to trail life or the pull of reins and sleds.

Вони погано переносили їзду по тягарях та тягу віжок і саней.

Only the mongrels tried to adapt, and even they lacked fighting spirit.

Тільки дворняги намагалися адаптуватися, та й їм бракувало бойового духу.

The other dogs were confused, weakened, and broken by their new life.

Інші собаки були розгублені, ослаблені та зламані своїм новим життям.

With the new dogs clueless and the old ones exhausted, hope was thin.

З огляду на те, що нові собаки нічого не знали, а старі були виснажені, надія була ледь помітною.

Buck's team had covered twenty-five hundred miles of harsh trail.

Команда Бака подолала дві з половиною тисячі миль суворою стежкою.

Still, the two men were cheerful and proud of their large dog team.

Тим не менш, двоє чоловіків були веселими та пишалися своєю великою собачою упряжкою.

They thought they were traveling in style, with fourteen dogs hitched.

Вони думали, що подорожують стильно, з чотирнадцятьма в'язаними собаками.

They had seen sleds leave for Dawson, and others arrive from it.

Вони бачили, як сани вирушають до Доусона, а інші прибувають звідти.

But never had they seen one pulled by as many as fourteen dogs.

Але вони ніколи не бачили, щоб його тягнули аж чотирнадцять собак.

There was a reason such teams were rare in the Arctic wilderness.

Була причина, чому такі команди були рідкістю в арктичній дикій природі.

No sled could carry enough food to feed fourteen dogs for the trip.

Жодні сани не могли б перевезти достатньо їжі, щоб прогодувати чотирнадцять собак протягом усієї подорожі.

But Charles and Hal didn't know that—they had done the math.

Але Чарльз і Гел цього не знали — вони самі все підрахували.

They penciled out the food: so much per dog, so many days, done.

Вони розписали корм: стільки на собаку, стільки днів, готовий.

Mercedes looked at their figures and nodded as if it made sense.

Мерседес подивилася на їхні цифри та кивнула, ніби це мало сенс.

It all seemed very simple to her, at least on paper.

Все здавалося їй дуже простим, принаймні на папері.

The next morning, Buck led the team slowly up the snowy street.

Наступного ранку Бак повільно повів команду засніженою вулицею.

There was no energy or spirit in him or the dogs behind him.

Ні в ньому, ні в собак позаду нього не було ні енергії, ні духу.

They were dead tired from the start—there was no reserve left.

Вони були смертельно втомлені з самого початку — резерву не залишалося.

Buck had made four trips between Salt Water and Dawson already.

Бак уже здійснив чотири поїздки між Солт-Вотер та Доусоном.

Now, faced with the same trail again, he felt nothing but bitterness.

Тепер, знову зіткнувшись із тим самим шляхом, він не відчував нічого, крім гіркоти.

His heart was not in it, nor were the hearts of the other dogs.

Він не був у цьому відданий, як і інші собаки.

The new dogs were timid, and the huskies lacked all trust.

Нові собаки були боязкими, а хаскі не викликали жодної довіри.

Buck sensed he could not rely on these two men or their sister.

Бак відчував, що не може покластися ні на цих двох чоловіків, ні на їхню сестру.

They knew nothing and showed no signs of learning on the trail.

Вони нічого не знали і не виявляли жодних ознак навчання на стежці.

They were disorganized and lacked any sense of discipline.

Вони були неорганізовані та не мали жодної дисципліни.

It took them half the night to set up a sloppy camp each time.

Щоразу їм знадобилося півночі, щоб розбити недбалий табір.

And half the next morning they spent fumbling with the
sled again.

І пів наступного ранку вони знову возилися з санками.

By noon, they often stopped just to fix the uneven load.

До полудня вони часто зупинялися лише для того, щоб
виправити нерівномірне навантаження.

On some days, they traveled less than ten miles in total.

У деякі дні вони проїжджали загалом менше десяти миль.

Other days, they didn't manage to leave camp at all.

Іншими днями їм взагалі не вдавалося покинути табір.

They never came close to covering the planned food-
distance.

Вони так і не наблизилися до подолання запланованої
дистанції для перевезення їжі.

As expected, they ran short on food for the dogs very
quickly.

Як і очікувалося, у них дуже швидко закінчилася їжа для
собак.

They made matters worse by overfeeding in the early days.

Вони погіршили ситуацію, перегодовуючи на початку.

This brought starvation closer with every careless ration.

Це наближало голод з кожною недбалою пайкою.

The new dogs had not learned to survive on very little.

Нові собаки не навчилися виживати в мізерних запасах.

They ate hungrily, with appetites too large for the trail.

Вони їли голодно, адже апетит був занадто великий для
такої стежки.

Seeing the dogs weaken, Hal believed the food wasn't
enough.

Бачачи, як собаки слабшають, Гел подумав, що їжі
недостатньо.

He doubled the rations, making the mistake even worse.

Він подвоїв пайки, зробивши помилку ще гіршою.

Mercedes added to the problem with tears and soft pleading.

Мерседес посилила проблему сльозами та тихими
благаннями.

When she couldn't convince Hal, she fed the dogs in secret.

Коли їй не вдалося переконати Гела, вона таємно погодувала собак.

She stole from the fish sacks and gave it to them behind his back.

Вона крала з мішків з рибою та віддавала їм за його спиною.

But what the dogs truly needed wasn't more food—it was rest.

Але собакам насправді була потрібна не їжа, а відпочинок.

They were making poor time, but the heavy sled still dragged on.

Вони йшли погано, але важкі сани все ще тягнулися вперед.

That weight alone drained their remaining strength each day.

Сама ця вага щодня висмоктувала з них залишки сил.

Then came the stage of underfeeding as the supplies ran low.

Потім настав етап недогодовування, оскільки запаси закінчувалися.

Hal realized one morning that half the dog food was already gone.

Одного ранку Гел зрозумів, що половина корму для собак вже зникла.

They had only traveled a quarter of the total trail distance.

Вони подолали лише чверть загальної відстані маршруту.

No more food could be bought, no matter what price was offered.

Більше їжі не можна було купити, незалежно від того, яку ціну пропонували.

He reduced the dogs' portions below the standard daily ration.

Він зменшив порції собак до рівня нижче стандартного добового раціону.

At the same time, he demanded longer travel to make up for loss.

Водночас він вимагав довших поїздок, щоб компенсувати втрати.

Mercedes and Charles supported this plan, but failed in execution.

Мерседес і Шарль підтримали цей план, але не змогли його виконати.

Their heavy sled and lack of skill made progress nearly impossible.

Їхні важкі сани та брак вправності робили просування майже неможливим.

It was easy to give less food, but impossible to force more effort.

Було легко давати менше їжі, але неможливо змусити до більших зусиль.

They couldn't start early, nor could they travel for extra hours.

Вони не могли починати рано, а також не могли подорожувати понаднормово.

They didn't know how to work the dogs, nor themselves, for that matter.

Вони не знали, як працювати з собаками, та й самі, зрештою, не знали.

The first dog to die was Dub, the unlucky but hardworking thief.

Першим собакою, який помер, був Даб, нещасливий, але працьовитий злодій.

Though often punished, Dub had pulled his weight without complaint.

Хоча Даба часто карали, він без нарікань виконував свою роботу.

His injured shoulder grew worse without care or needed rest.

Його травмоване плече погіршувалося без догляду та потреби в відпочинку.

Finally, Hal used the revolver to end Dub's suffering.

Зрештою, Гел використав револьвер, щоб покласти край стражданням Даба.

A common saying claimed that normal dogs die on husky rations.

Поширене прислів'я стверджувало, що звичайні собаки гинуть від пайків хаскі.

Buck's six new companions had only half the husky's share of food.

Шість нових компаньйонів Бака мали лише половину порції їжі, яку давала хаскі.

The Newfoundland died first, then the three short-haired pointers.

Спочатку помер ньюфаундленд, потім три короткошерсті пойнтери.

The two mongrels held on longer but finally perished like the rest.

Дві дворняги протрималися довше, але зрештою загинули, як і решта.

By this time, all the amenities and gentleness of the Southland were gone.

На цей час усі зручності та ніжність Півдня вже зникли.

The three people had shed the last traces of their civilized upbringing.

Ці троє людей позбулися останніх слідів свого цивілізованого виховання.

Stripped of glamour and romance, Arctic travel became brutally real.

Позбавлені гламуру та романтики, арктичні подорожі стали жорстоко реальними.

It was a reality too harsh for their sense of manhood and womanhood.

Це була надто сувора реальність для їхнього почуття мужності та жіночності.

Mercedes no longer wept for the dogs, but now wept only for herself.

Мерседес більше не плакала за собаками, а тепер плакала лише за себе.

She spent her time crying and quarreling with Hal and Charles.

Вона проводила час, плакала та сварилася з Гелом та Чарльзом.

Quarreling was the one thing they were never too tired to do.

Сварки були єдиною справою, якою вони ніколи не втомлювалися.

Their irritability came from misery, grew with it, and surpassed it.

Їхня дратівливість виходила з страждань, зростала разом з ними і перевершувала їх.

The patience of the trail, known to those who toil and suffer kindly, never came.

Терпіння шляху, відоме тим, хто трудиться і страждає добросердечно, так і не прийшло.

That patience, which keeps speech sweet through pain, was unknown to them.

Те терпіння, яке зберігає мову солодкою крізь біль, було їм невідоме.

They had no hint of patience, no strength drawn from suffering with grace.

У них не було ні натяку на терпіння, ні сили, почерпнутої зі страждань з благодаттю.

They were stiff with pain—aching in their muscles, bones, and hearts.

Вони були заціпенілі від болю — ломили м'язи, кістки та серце.

Because of this, they grew sharp of tongue and quick with harsh words.

Через це вони стали гострими на язик і швидкими на грубі слова.

Each day began and ended with angry voices and bitter complaints.

Кожен день починався і закінчувався гнівними голосами та гіркими скаргами.

Charles and Hal wrangled whenever Mercedes gave them a chance.

Чарльз і Гел сварилися щоразу, коли Мерседес давала їм шанс.

Each man believed he did more than his fair share of the work.

Кожен чоловік вважав, що зробив більше, ніж йому належало.

Neither ever missed a chance to say so, again and again.

Жоден з них ніколи не втрачав можливості сказати це знову і знову.

Sometimes Mercedes sided with Charles, sometimes with Hal.

Іноді Мерседес була на боці Чарльза, іноді на боці Гела.

This led to a grand and endless quarrel among the three.

Це призвело до великої та нескінченної сварки між ними трьома.

A dispute over who should chop firewood grew out of control.

Суперечка щодо того, хто має рубати дрова, вийшла з-під контролю.

Soon, fathers, mothers, cousins, and dead relatives were named.

Невдовзі були названі імена батьків, матерів, двоюрідних братів і сестер та померлих родичів.

Hal's views on art or his uncle's plays became part of the fight.

Погляди Гела на мистецтво чи п'єси його дядька стали частиною боротьби.

Charles's political beliefs also entered the debate.

Політичні переконання Чарльза також були обговорені.

To Mercedes, even her husband's sister's gossip seemed relevant.

Для Мерседес навіть плітки сестри її чоловіка здавалися актуальними.

She aired opinions on that and on many of Charles's family's flaws.

Вона висловила свої думки з цього приводу та з приводу багатьох недоліків родини Чарльза.

While they argued, the fire stayed unlit and camp half set.
Поки вони сперечалися, багаття залишалося
нерозпаленим, а табір наполовину згорів.

Meanwhile, the dogs remained cold and without any food.
Тим часом собаки залишалися холодними та без їжі.

Mercedes held a grievance she considered deeply personal.
Мерседес мала образу, яку вважала глибоко особистою.

She felt mistreated as a woman, denied her gentle privileges.
Вона відчувала себе жорстоко поводженою як жінка,
позбавленою своїх привілеїв у благородній статтю.

She was pretty and soft, and used to chivalry all her life.
Вона була гарненькою та ніжною, і все своє життя звикла
до лицарства.

**But her husband and brother now treated her with
impatience.**
Але її чоловік і брат тепер ставилися до неї з нетерпінням.

Her habit was to act helpless, and they began to complain.
Вона звикла поводитися безпорадно, і вони почали
скаржитися.

Offended by this, she made their lives all the more difficult.
Ображена цим, вона ще більше ускладнила їм життя.

She ignored the dogs and insisted on riding the sled herself.
Вона ігнорувала собак і наполягала на тому, щоб сама
покататися на санях.

**Though light in looks, she weighed one hundred twenty
pounds.**
Хоча на вигляд вона була легка, важила вона сто двадцять
фунтів.

**That added burden was too much for the starving, weak
dogs.**
Цей додатковий тягар був занадто важким для голодних,
слабких собак.

Still, she rode for days, until the dogs collapsed in the reins.
І все ж вона їхала кілька днів, аж поки собаки не
підкосилися під поводи.

**The sled stood still, and Charles and Hal begged her to
walk.**

Сани зупинилися, а Чарльз і Гел благали її йти пішки.

They pleaded and entreated, but she wept and called them cruel.

Вони благали й благали, але вона плакала та називала їх жорстокими.

On one occasion, they pulled her off the sled with sheer force and anger.

Одного разу вони з силою та гнівом стягнули її з саней.

They never tried again after what happened that time.

Вони більше ніколи не пробували після того, що сталося тоді.

She went limp like a spoiled child and sat in the snow.

Вона обм'якла, як розпещена дитина, і сіла на сніг.

They moved on, but she refused to rise or follow behind.

Вони рушили далі, але вона відмовилася вставати чи йти за ними.

After three miles, they stopped, returned, and carried her back.

Через три милі вони зупинилися, повернулися і понесли її назад.

They reloaded her onto the sled, again using brute strength.

Вони знову завантажили її на сани, знову використовуючи грубу силу.

In their deep misery, they were callous to the dogs' suffering.

У своєму глибокому стражданні вони були байдужі до страждань собак.

Hal believed one must get hardened and forced that belief on others.

Гел вважав, що треба загартуватися, і нав'язував цю віру іншим.

He first tried to preach his philosophy to his sister

Спочатку він спробував проповідувати свою філософію сестрі

and then, without success, he preached to his brother-in-law.

а потім, безуспішно, він проповідував своєму зятю.

He had more success with the dogs, but only because he hurt them.

Він мав більше успіху з собаками, але лише тому, що завдавав їм болю.

At Five Fingers, the dog food ran out of food completely.

У «П'яти Пальцях» корм для собак повністю закінчився.

A toothless old squaw sold a few pounds of frozen horse-hide

Беззуба стара індіанка продала кілька фунтів замороженої кінської шкіри

Hal traded his revolver for the dried horse-hide.

Гел обміняв свій револьвер на висушену кінську шкуру.

The meat had come from starved horses of cattlemen months before.

М'ясо було отримано від зголоднілих коней скотарів кілька місяців тому.

Frozen, the hide was like galvanized iron; tough and inedible.

Замерзла шкіра була схожа на оцинковане залізо; жорстка та неїстівна.

The dogs had to chew endlessly at the hide to eat it.

Собакам доводилося нескінченно гризти шкуру, щоб з'їсти її.

But the leathery strings and short hair were hardly nourishment.

Але шкірясті пасма та коротке волосся навряд чи можна було назвати їжею.

Most of the hide was irritating, and not food in any true sense.

Більша частина шкури була дратівливою і не була їжею в справжньому сенсі.

And through it all, Buck staggered at the front, like in a nightmare.

І крізь усе це Бак хитався попереду, немов у кошмарі.

He pulled when able; when not, he lay until whip or club raised him.

Він тягнув, коли міг; коли ні, лежав, поки батіг чи палиця не піднімали його.

His fine, glossy coat had lost all stiffness and sheen it once had.

Його чудова, блискуча шерсть втратила всю колишню жорсткість і блиск.

His hair hung limp, draggled, and clotted with dried blood from the blows.

Його волосся висіло скуйовджене, скуйовджене та згорнуте від засохлої крові від ударів.

His muscles shrank to cords, and his flesh pads were all worn away.

Його м'язи стиснулися, перетворюючись на тяжі, а шкіра стерлася.

Each rib, each bone showed clearly through folds of wrinkled skin.

Кожне ребро, кожна кістка чітко проглядали крізь складки зморшкуватої шкіри.

It was heartbreaking, yet Buck's heart could not break.

Це було роздираюче, але серце Бака не могло розбитися.

The man in the red sweater had tested that and proved it long ago.

Чоловік у червоному светрі давно це перевірив і довів.

As it was with Buck, so it was with all his remaining teammates.

Як і з Баком, так само було і з усіма його рештою товаришів по команді.

There were seven in total, each one a walking skeleton of misery.

Їх було семеро, кожен з яких був ходячим скелетом страждань.

They had grown numb to lash, feeling only distant pain.

Вони заніміли від ударів батогом, відчуваючи лише віддалений біль.

Even sight and sound reached them faintly, as through a thick fog.

Навіть зір і звук доносилися до них ледь чутно, ніби крізь густий туман.

They were not half alive—they were bones with dim sparks inside.

Вони не були наполовину живими — це були кістки з тьмяними іскрами всередині.

When stopped, they collapsed like corpses, their sparks almost gone.

Коли їх зупинили, вони розвалилися, як трупи, їхні іскри майже згасли.

And when the whip or club struck again, the sparks fluttered weakly.

А коли батіг чи палиця вдаряли знову, іскри слабо тріпотіли.

Then they rose, staggered forward, and dragged their limbs ahead.

Потім вони підвелися, похитуючись посунулися вперед і потягнули вперед свої кінцівки.

One day kind Billee fell and could no longer rise at all.

Одного разу добра Біллі впала і вже зовсім не змогла підвестися.

Hal had traded his revolver, so he used an axe to kill Billee instead.

Гел обміняв свій револьвер, тому замість цього вбив Біллі сокирою.

He struck him on the head, then cut his body free and dragged it away.

Він ударив його по голові, потім розрубав його тіло та відтягнув його геть.

Buck saw this, and so did the others; they knew death was near.

Бак побачив це, як і інші; вони знали, що смерть близько.

Next day Koona went, leaving just five dogs in the starving team.

Наступного дня Куна пішов, залишивши лише п'ятьох собак у голодній упряжці.

Joe, no longer mean, was too far gone to be aware of much at all.

Джо, вже не злий, був надто злий, щоб взагалі щось усвідомлювати.

Pike, no longer faking his injury, was barely conscious.

Пайк, більше не вдаючи своєї травми, був ледве притомний.

Solleks, still faithful, mourned he had no strength to give.

Соллекс, все ще вірний, сумував, що не мав сили віддати.

Teek was beaten most because he was fresher, but fading fast.

Тіка найбільше побили, бо він був свіжішим, але швидко втрачав свою силу.

And Buck, still in the lead, no longer kept order or enforced it.

А Бак, все ще лідируючи, більше не підтримував порядок і не забезпечував його дотримання.

Half blind with weakness, Buck followed the trail by feel alone.

Напівсліпий від слабкості, Бек йшов слідом, керуючись лише навмання.

It was beautiful spring weather, but none of them noticed it.

Була чудова весняна погода, але ніхто з них цього не помітив.

Each day the sun rose earlier and set later than before.

Щодня сонце сходило раніше і сідало пізніше, ніж раніше.

By three in the morning, dawn had come; twilight lasted till nine.

О третій годині ранку настав світанок; сутінки тривали до дев'ятої.

The long days were filled with the full blaze of spring sunshine.

Довгі дні були наповнені яскравим весняним сонцем.

The ghostly silence of winter had changed into a warm murmur.

Примарна тиша зими змінилася теплим шепотом.

All the land was waking, alive with the joy of living things.

Вся земля прокидалася, ожила радістю живих істот.

The sound came from what had lain dead and still through winter.

Звук долинав з того, що лежало мертвим і нерухомим протягом зими.

Now, those things moved again, shaking off the long frost sleep.

Тепер ці істоти знову заворушилися, струшуючи з себе довгий морозний сон.

Sap was rising through the dark trunks of the waiting pine trees.

Сік піднімався крізь темні стовбури сосен, що чекали.

Willows and aspens burst out bright young buds on each twig.

Верби та осики пускають яскраві молоді бруньки на кожній гілочці.

Shrubs and vines put on fresh green as the woods came alive.

Чагарники та ліани зазеленіли, коли ліс ожив.

Crickets chirped at night, and bugs crawled in daylight sun.

Вночі цвірінькали цвіркуни, а на денному сонці повзали комахи.

Partridges boomed, and woodpeckers knocked deep in the trees.

Куріпки гуділи, а дятли стукали глибоко в деревах.

Squirrels chattered, birds sang, and geese honked over the dogs.

Білки цурічали, птахи співали, а гуси гавкали над собаками.

The wild-fowl came in sharp wedges, flying up from the south.

Дикі птахи злітали гострими зграями з півдня.

From every hillside came the music of hidden, rushing streams.

З кожного схилу пагорба долинала музика прихованих, гуркотливих струмків.

All things thawed and snapped, bent and burst back into motion.

Все розтануло, клацнуло, зігнулося та знову вибухнуло рухом.

The Yukon strained to break the cold chains of frozen ice.

Юкон напружувався, щоб розірвати холодні ланцюги замерзлого льоду.

The ice melted underneath, while the sun melted it from above.

Лід танув знизу, а сонце розтоплювало його зверху.

Air-holes opened, cracks spread, and chunks fell into the river.

Відкрилися вентиляційні отвори, поширилися тріщини, і шматки падали в річку.

Amid all this bursting and blazing life, the travelers staggered.

Серед усього цього вируючого та палкого життя мандрівники хиталися.

Two men, a woman, and a pack of huskies walked like the dead.

Двоє чоловіків, жінка та зграя хаскі йшли, як мертві.

The dogs were falling, Mercedes wept, but still rode the sled.

Собаки падали, Мерседес плакала, але все ще їхала на санях.

Hal cursed weakly, and Charles blinked through watering eyes.

Гел слабо вилаявся, а Чарльз кліпнув сльозячими очима.

They stumbled into John Thornton's camp by White River's mouth.

Вони натрапили на табір Джона Торнтона біля гирла річки Вайт-Рівер.

When they stopped, the dogs dropped flat, as if all struck dead.

Коли вони зупинилися, собаки впали ниць, ніби всі загинули.

Mercedes wiped her tears and looked across at John Thornton.

Мерседес витерла сльози й подивилася на Джона Торнтона.

Charles sat on a log, slowly and stiffly, aching from the trail.

Чарльз сидів на колоді, повільно та напружено, відчуваючи біль від стежки.

Hal did the talking as Thornton carved the end of an axe-handle.

Гел говорив, поки Торнтон вирізав кінець ручки сокири.

He whittled birch wood and answered with brief, firm replies.

Він стругав березові дрова та відповідав короткими, твердими словами.

When asked, he gave advice, certain it wasn't going to be followed.

Коли його запитали, він дав пораду, будучи певним, що її не виконають.

Hal explained, "They told us the trail ice was dropping out."

Гел пояснив: «Вони сказали нам, що лід на стежці тане».

"They said we should stay put — but we made it to White River."

«Вони сказали, що нам слід залишатися на місці, але ми дісталися до Вайт-Рівер».

He ended with a sneering tone, as if to claim victory in hardship.

Він закінчив глузливим тоном, ніби проголошуючи перемогу у скрутному становищі.

"And they told you true," John Thornton answered Hal quietly.

— І вони сказали тобі правду, — тихо відповів Джон Торнтон Гелу.

"The ice may give way at any moment — it's ready to drop out."

«Лід може будь-якої миті розвалитися — він готовий відвалитися».

"Only blind luck and fools could have made it this far alive."

«Тільки сліпа удача та дурні могли дожити так далеко живими».

"I tell you straight, I wouldn't risk my life for all Alaska's gold."

«Кажу вам прямо, я б не ризикнув своїм життям за все золото Аляски».

"That's because you're not a fool, I suppose," Hal answered.

«Мабуть, це тому, що ти не дурень», – відповів Гел.

"All the same, we'll go on to Dawson." He uncoiled his whip.

«Усе одно, ми поїдемо до Доусона». Він розгорнув батіг.

"Get up there, Buck! Hi! Get up! Go on!" he shouted harshly.

«Лезь нагору, Баку! Гей! Вставай! Давай!» — різко крикнув він.

Thornton kept whittling, knowing fools won't hear reason.

Торнтон продовжував різьбити, знаючи, що дурні не почують розумних доводів.

To stop a fool was futile—and two or three fooled changed nothing.

Зупиняти дурня було марно, а двоє чи троє обдурених нічого не змінили.

But the team didn't move at the sound of Hal's command.

Але команда не ворухнулася на звук команди Гела.

By now, only blows could make them rise and pull forward.

Тепер лише удари могли змусити їх піднятися та рушити вперед.

The whip snapped again and again across the weakened dogs.

Батіг знову і знову клацав по ослаблених собаках.

John Thornton pressed his lips tightly and watched in silence.

Джон Торнтон міцно стиснув губи і мовчки спостерігав.

Solleks was the first to crawl to his feet under the lash.

Соллекс першим підвівся на ноги під батогом.

Then Teek followed, trembling. Joe yelped as he stumbled up.

Потім Тік пішов, тремтячи. Джо скрикнув, спіткнувшись і піднявшись.

Pike tried to rise, failed twice, then finally stood unsteadily.

Пайк спробував підвестися, двічі невдало, а потім нарешті невпевнено стояв.

But Buck lay where he had fallen, not moving at all this time.

Але Бак лежав там, де впав, цього разу зовсім не рухаючись.

The whip slashed him over and over, but he made no sound.

Батіг шмагав його знову і знову, але він не видав жодного звуку.

He did not flinch or resist, simply remained still and quiet.

Він не здригнувся і не чинив опору, просто залишався нерухомим і тихим.

Thornton stirred more than once, as if to speak, but didn't.

Торнтон кілька разів ворухнувся, ніби хотів щось сказати, але промовчав.

His eyes grew wet, and still the whip cracked against Buck.

Його очі намокли, а батіг все ще клацав по Баку.

At last, Thornton began pacing slowly, unsure of what to do.

Нарешті Торнтон почав повільно ходити туди-сюди, не знаючи, що робити.

It was the first time Buck had failed, and Hal grew furious.

Це був перший раз, коли Бак зазнав невдачі, і Гел розлютився.

He threw down the whip and picked up the heavy club instead.

Він кинув батіг і замість нього підняв важку палицю.

The wooden club came down hard, but Buck still did not rise to move.

Дерев'яна палиця сильно вдарила, але Бак все ще не підвівся, щоб поворухнутися.

Like his teammates, he was too weak—but more than that.

Як і його товариші по команді, він був надто слабким, але більше того.

Buck had decided not to move, no matter what came next.

Бак вирішив не рухатися, що б не сталося далі.

He felt something dark and certain hovering just ahead.

Він відчув щось темне й певне, що маячило прямо попереду.

That dread had seized him as soon as he reached the riverbank.

Цей жах охопив його, щойно він дістався берега річки.

The feeling had not left him since he felt the ice thin under his paws.

Це відчуття не покидало його відтоді, як він відчув тонкий лід під лапами.

Something terrible was waiting—he felt it just down the trail.

Щось жахливе чекало на нього — він відчував це вже десь унизу стежки.

He wasn't going to walk towards that terrible thing ahead

Він не збирався йти назустріч тій жахливій істоті попереду.

He was not going to obey any command that took him to that thing.

Він не збирався виконувати жодного наказу, який би привів його туди.

The pain of the blows hardly touched him now—he was too far gone.

Біль від ударів майже не торкався його — він був надто знесилений.

The spark of life flickered low, dimmed beneath each cruel strike.

Іскра життя ледь мерехтіла, тьмяніла під кожним жорстоким ударом.

His limbs felt distant; his whole body seemed to belong to another.

Його кінцівки здавалися далекими; все його тіло ніби належало комусь іншому.

He felt a strange numbness as the pain faded out completely.

Він відчув дивне оніміння, коли біль повністю зник.

From far away, he sensed he was being beaten, but barely knew.

Здалеку він відчував, що його б'ють, але ледве усвідомлював це.

He could hear the thuds faintly, but they no longer truly hurt.

Він ледь чув глухі удари, але вони вже не завдавали йому справжнього болю.

The blows landed, but his body no longer seemed like his own.

Удари сильні, але його тіло вже не здавалося його власним.

Then suddenly, without warning, John Thornton gave a wild cry.

Раптом, без попередження, Джон Торнтон дико скрикнув.

It was inarticulate, more the cry of a beast than of a man.

Це було нерозбірливо, радше крик звіра, ніж людини.

He leapt at the man with the club and knocked Hal backward.

Він стрибнув на чоловіка з кийком і відкинув Гела назад.

Hal flew as if struck by a tree, landing hard upon the ground.

Гел полетів, ніби його вдарило дерево, і міцно приземлився на землю.

Mercedes screamed aloud in panic and clutched at her face.

Мерседес голосно закричала в паніці та схопилася за обличчя.

Charles only looked on, wiped his eyes, and stayed seated.

Чарльз лише спостерігав, витираючи очі та залишаючись сидіти.

His body was too stiff with pain to rise or help in the fight.

Його тіло було надто заціпенілим від болю, щоб підвестися чи допомогти в боротьбі.

Thornton stood over Buck, trembling with fury, unable to speak.

Торнтон стояв над Баком, тремтячи від люті, не в змозі говорити.

He shook with rage and fought to find his voice through it.

Він тремтів від люті й намагався крізь неї вимовити голос.

"If you strike that dog again, I'll kill you," he finally said.

«Якщо ти ще раз удариш цього собаку, я тебе вб'ю», — нарешті сказав він.

Hal wiped blood from his mouth and came forward again.

Гел витер кров з рота і знову підійшов до нього.

"It's my dog," he muttered. "Get out of the way, or I'll fix you."

«Це мій собака», — пробурмотів він. «Забирайся з дороги, бо я тебе виправлю».

"I'm going to Dawson, and you're not stopping me," he added.

«Я їду до Доусона, і ти мене не зупиниш», – додав він.

Thornton stood firm between Buck and the angry young man.

Торнтон міцно стояв між Баком і розгніваним юнаком.

He had no intention of stepping aside or letting Hal pass.

Він не мав наміру відступати вбік чи пропускати Гела.

Hal pulled out his hunting knife, long and dangerous in hand.

Гел витягнув свій мисливський ніж, довгий і небезпечний у руці.

Mercedes screamed, then cried, then laughed in wild hysteria.

Мерседес кричала, потім плакала, а потім істерично сміялася.

Thornton struck Hal's hand with his axe-handle, hard and fast.

Торнтон сильно та швидко вдарив Гела по руці держаком сокири.

The knife was knocked loose from Hal's grip and flew to the ground.

Ніж випав з рук Гела та полетів на землю.

Hal tried to pick the knife up, and Thornton rapped his knuckles again.

Гел спробував підняти ніж, і Торнтон знову постукав кісточками пальців.

Then Thornton stooped down, grabbed the knife, and held it.

Тоді Торнтон нахилився, схопив ніж і тримав його.

With two quick chops of the axe-handle, he cut Buck's reins.

Двома швидкими ударами ручки сокири він перерізав Бакові віжки.

Hal had no fight left in him and stepped back from the dog.

Гел не мав жодних сил чинити опір і відступив від собаки.

Besides, Mercedes needed both arms now to keep her upright.

Крім того, Мерседес тепер потрібні були обидві руки, щоб триматися на ногах.

Buck was too near death to be of use for pulling a sled again.

Бак був надто близький до смерті, щоб знову бути корисним для тяги санок.

A few minutes later, they pulled out, heading down the river.

Через кілька хвилин вони вирушили, прямуючи вниз по річці.

Buck raised his head weakly and watched them leave the bank.

Бак слабо підняв голову й спостерігав, як вони виходять з банку.

Pike led the team, with Solleks at the rear in the wheel spot.

Пайк очолив команду, а Соллекс був позаду на позиції кермового.

Joe and Teek walked between, both limping with exhaustion.

Джо та Тік йшли між ними, обидва кульгаючи від виснаження.

Mercedes sat on the sled, and Hal gripped the long gee-pole.

Мерседес сиділа на санях, а Гел міцно тримався за довгу жердину.

Charles stumbled behind, his steps clumsy and uncertain.

Шарль спіткнувся позаду, його кроки були незграбними та невпевненими.

Thornton knelt by Buck and gently felt for broken bones.

Торнтон став навколішки біля Бака й обережно намацав переломи.

His hands were rough but moved with kindness and care.

Його руки були шорсткі, але рухалися з добротою та турботою.

Buck's body was bruised but showed no lasting injury.

Тіло Бака було в синцях, але тривалих травм не було.

What remained was terrible hunger and near-total weakness.

Залишилися лише жахливий голод і майже повна слабкість.

By the time this was clear, the sled had gone far downriver.

Поки це прояснилося, сани вже далеко зайшли вниз за річкою.

Man and dog watched the sled slowly crawl over the cracking ice.

Чоловік і собака спостерігали, як сани повільно повзуть по тріскаючому льоду.

Then, they saw the sled sink down into a hollow.

Потім вони побачили, як сани опускаються в улоговину.

The gee-pole flew up, with Hal still clinging to it in vain.

Вудка злетіла вгору, а Гел марно за неї чіплявся.

Mercedes's scream reached them across the cold distance.

Крик Мерседес долинув до них крізь холодну відстань.

Charles turned and stepped back—but he was too late.

Чарльз обернувся і відступив назад, але було вже надто пізно.

A whole ice sheet gave way, and they all dropped through.

Цілий льодовиковий щит провалився, і всі вони провалилися крізь нього.

Dogs, sled, and people vanished into the black water below.

Собаки, сани та люди зникли у чорній воді внизу.

Only a wide hole in the ice was left where they had passed.

Там, де вони пройшли, залишилася лише широка діра в льоду.

The trail's bottom had dropped out—just as Thornton warned.

Підошва стежки обвалилася — саме так, як і попередив Торнтон.

Thornton and Buck looked at one another, silent for a moment.

Торнтон і Бак подивилися одне на одного, на мить мовчки.

"You poor devil," said Thornton softly, and Buck licked his hand.

«Бідолашний ти», — тихо сказав Торнтон, і Бак облизав йому руку.

For the Love of a Man
Заради любові до чоловіка

John Thornton froze his feet in the cold of the previous December.
Джон Торнтон відморозив ноги в холод попереднього грудня.

His partners made him comfortable and left him to recover alone.
Його партнери влаштували йому комфортно та залишили його відновлюватися самого.

They went up the river to gather a raft of saw-logs for Dawson.
Вони піднялися вгору по річці, щоб назбирати пліт пилорам для Доусона.

He was still limping slightly when he rescued Buck from death.
Він все ще трохи кульгав, коли врятував Бака від смерті.

But with warm weather continuing, even that limp disappeared.
Але з появою теплої погоди навіть ця кульгавість зникла.

Lying by the riverbank during long spring days, Buck rested.
Лежачи на березі річки протягом довгих весняних днів, Бак відпочивав.

He watched the flowing water and listened to birds and insects.
Він спостерігав за течією води та слухав спів птахів і комах.

Slowly, Buck regained his strength under the sun and sky.
Повільно Бак відновлював сили під сонцем і небом.

A rest felt wonderful after traveling three thousand miles.
Відпочинок був чудовим після подорожі трьома тисячами миль.

Buck became lazy as his wounds healed and his body filled out.
Бак став лінивим, коли його рани загоїлися, а тіло наповнилося.

His muscles grew firm, and flesh returned to cover his bones.
Його м'язи стали міцнішими, а плоть знову покрила його кістки.

They were all resting—Buck, Thornton, Skeet, and Nig.
Всі вони відпочивали — Бак, Торнтон, Скіт і Ніг.

They waited for the raft that was going to carry them down to Dawson.
Вони чекали на пліт, який мав доставити їх до Доусона.

Skeet was a small Irish setter who made friends with Buck.
Скіт був маленьким ірландським сетером, який потоваришував з Баком.

Buck was too weak and ill to resist her at their first meeting.
Бак був надто слабкий і хворий, щоб чинити їй опір під час їхньої першої зустрічі.

Skeet had the healer trait that some dogs naturally possess.
Скіт мав рису цілителя, яку деякі собаки мають від природи.

Like a mother cat, she licked and cleaned Buck's raw wounds.
Як мама-кішка, вона облизувала та очищала свіжі рани Бака.

Every morning after breakfast, she repeated her careful work.
Щоранку після сніданку вона повторювала свою ретельну роботу.

Buck came to expect her help as much as he did Thornton's.
Бак очікував її допомоги так само, як і Торнтонової.

Nig was friendly too, but less open and less affectionate.
Ніг теж був дружелюбним, але менш відкритим і менш ласкавим.

Nig was a big black dog, part bloodhound and part deerhound.
Ніг був великим чорним собакою, частково бладхаундом, частково дирхаундом.

He had laughing eyes and endless good nature in his spirit.
У нього були усміхнені очі та безмежна доброта в душі.

To Buck's surprise, neither dog showed jealousy toward him.

На подив Бака, жоден з собак не виявляв до нього ревнощів.

Both Skeet and Nig shared the kindness of John Thornton.

І Скіт, і Ніг поділяли доброту Джона Торнтона.

As Buck got stronger, they lured him into foolish dog games.

Коли Бак зміцнів, вони заманили його в дурні собачі ігри.

Thornton often played with them too, unable to resist their joy.

Торнтон також часто грався з ними, не в змозі встояти перед їхньою радістю.

In this playful way, Buck moved from illness to a new life.

У такий грайливий спосіб Бак перейшов від хвороби до нового життя.

Love—true, burning, and passionate love—was his at last.

Кохання — справжнє, палке й пристрасне кохання — нарешті було його.

He had never known this kind of love at Miller's estate.

Він ніколи не знав такого кохання в маєтку Міллера.

With the Judge's sons, he had shared work and adventure.

З синами судді він ділив роботу та пригоди.

With the grandsons, he saw stiff and boastful pride.

У онуків він бачив закляклу та хвалькувату гординю.

With Judge Miller himself, he had a respectful friendship.

З самим суддею Міллером у нього були шанобливі дружні стосунки.

But love that was fire, madness, and worship came with Thornton.

Але кохання, яке було вогнем, божевіллям і поклонінням, прийшло з Торнтоном.

This man had saved Buck's life, and that alone meant a great deal.

Цей чоловік врятував Баку життя, і це вже одне багато значило.

But more than that, John Thornton was the ideal kind of master.

Але більше того, Джон Торнтон був ідеальним майстром.

Other men cared for dogs out of duty or business necessity.

Інші чоловіки доглядали за собаками з обов'язку або через ділову необхідність.

John Thornton cared for his dogs as if they were his children.

Джон Торнтон піклувався про своїх собак, ніби вони були його дітьми.

He cared for them because he loved them and simply could not help it.

Він піклувався про них, бо любив їх і просто нічого не міг з цим вдіяти.

John Thornton saw even further than most men ever managed to see.

Джон Торнтон бачив навіть далі, ніж більшість людей коли-небудь вдавалося побачити.

He never forgot to greet them kindly or speak a cheering word.

Він ніколи не забував привітно їх привітати чи сказати підбадьорливе слово.

He loved sitting down with the dogs for long talks, or "gassy," as he said.

Він любив довго розмовляти з собаками, або, як він казав, «задихатися».

He liked to seize Buck's head roughly between his strong hands.

Йому подобалося грубо хапати Бака за голову своїми сильними руками.

Then he rested his own head against Buck's and shook him gently.

Потім він притулив свою голову до Бакової й легенько його похитав.

All the while, he called Buck rude names that meant love to Buck.

Весь цей час він обзивав Бака грубими словами, що означало для Бака любов.

To Buck, that rough embrace and those words brought deep joy.

Баку ці грубі обійми та ці слова принесли глибоку радість.

His heart seemed to shake loose with happiness at each movement.

Здавалося, що його серце тріпотіло від щастя з кожним рухом.

When he sprang up afterward, his mouth looked like it laughed.

Коли він потім схопився, його рот виглядав так, ніби він сміявся.

His eyes shone brightly and his throat trembled with unspoken joy.

Його очі яскраво сяяли, а горло тремтіло від невимовної радості.

His smile stood still in that state of emotion and glowing affection.

Його посмішка завмерла в цьому стані емоцій та сяючої прихильності.

Then Thornton exclaimed thoughtfully, "God! he can almost speak!"

Тоді Торнтон задумливо вигукнув: «Боже! Він майже може говорити!»

Buck had a strange way of expressing love that nearly caused pain.

У Бака була дивна манера висловлювати кохання, яка мало не завдавала болю.

He often griped Thornton's hand in his teeth very tightly.

Він часто міцно стискав руку Торнтона зубами.

The bite was going to leave deep marks that stayed for some time after.

Укус мав залишити глибокі сліди, які залишалися на деякий час після цього.

Buck believed those oaths were love, and Thornton knew the same.

Бак вірив, що ці клятви — це кохання, і Торнтон знав те саме.

Most often, Buck's love showed in quiet, almost silent adoration.

Найчастіше кохання Бака проявлялося в тихому, майже мовчазному обожнюванні.

Though thrilled when touched or spoken to, he did not seek attention.

Хоча він був у захваті від дотику чи розмови з ним, він не шукав уваги.

Skeet nudged her nose under Thornton's hand until he petted her.

Скіт тицьнула носом під руку Торнтона, аж поки він не погладив її.

Nig walked up quietly and rested his large head on Thornton's knee.

Ніг тихо підійшов і поклав свою велику голову на коліна Торнтона.

Buck, in contrast, was satisfied to love from a respectful distance.

Бак, навпаки, був задоволений тим, що кохав з шанобливої відстані.

He lied for hours at Thornton's feet, alert and watching closely.

Він годинами лежав біля ніг Торнтона, пильно спостерігаючи.

Buck studied every detail of his master's face and slightest motion.

Бак вивчав кожну деталь обличчя свого господаря та його найменший рух.

Or lied farther away, studying the man's shape in silence.

Або лежав далі, мовчки вивчаючи постать чоловіка.

Buck watched each small move, each shift in posture or gesture.

Бак спостерігав за кожним найменшим рухом, кожною зміною пози чи жесту.

So powerful was this connection that often pulled Thornton's gaze.

Цей зв'язок був настільки сильним, що часто привертав до себе погляд Торнтона.

He met Buck's eyes with no words, love shining clearly through.

Він зустрівся поглядом з Баком без слів, крізь який чітко сяяло кохання.

For a long while after being saved, Buck never let Thornton out of sight.

Протягом довгого часу після порятунку Бак не випускав Торнтона з поля зору.

Whenever Thornton left the tent, Buck followed him closely outside.

Щоразу, коли Торнтон виходив з намету, Бак уважно йшов за ним надвір.

All the harsh masters in the Northland had made Buck afraid to trust.

Усі суворі господарі на Півночі змусили Бака боятися довіряти.

He feared no man could remain his master for more than a short time.

Він боявся, що ніхто не зможе залишатися його господарем довше короткого часу.

He feared John Thornton was going to vanish like Perrault and François.

Він боявся, що Джон Торнтон зникне, як Перро та Франсуа.

Even at night, the fear of losing him haunted Buck's restless sleep.

Навіть вночі страх втратити його переслідував Бака у неспокійному сні.

When Buck woke, he crept out into the cold, and went to the tent.

Коли Бак прокинувся, він виповз на холод і пішов до намету.

He listened carefully for the soft sound of breathing inside.

Він уважно прислухався до тихого внутрішнього дихання.

Despite Buck's deep love for John Thornton, the wild stayed alive.

Незважаючи на глибоку любов Бака до Джона Торнтона, дика природа залишилася живою.

That primitive instinct, awakened in the North, did not disappear.

Той первісний інстинкт, пробуджений на Півночі, не зник.

Love brought devotion, loyalty, and the fire-side's warm bond.

Кохання принесло відданість, вірність та теплий зв'язок біля каміна.

But Buck also kept his wild instincts, sharp and ever alert.

Але Бак також зберігав свої дикі інстинкти, гострі та завжди пильні.

He was not just a tamed pet from the soft lands of civilization.

Він був не просто прирученим домашнім улюбленцем з м'яких земель цивілізації.

Buck was a wild being who had come in to sit by Thornton's fire.

Бак був дикуном, який зайшов посидіти біля вогню в Торнтона.

He looked like a Southland dog, but wildness lived within him.

Він був схожий на собаку з Саутленду, але всередині нього жила дика природа.

His love for Thornton was too great to allow theft from the man.

Його любов до Торнтона була надто великою, щоб дозволити йому обкрасти його.

But in any other camp, he would steal boldly and without pause.

Але в будь-якому іншому таборі він би крав сміливо та без зупинки.

He was so clever in stealing that no one could catch or accuse him.

Він був настільки спритним у крадіжці, що ніхто не міг його спіймати чи звинуватити.

His face and body were covered in scars from many past fights.

Його обличчя та тіло були вкриті шрамами від численних минулих боїв.

Buck still fought fiercely, but now he fought with more cunning.

Бак все ще люто бився, але тепер він бився з більшою хитрістю.

Skeet and Nig were too gentle to fight, and they were Thornton's.

Скіт і Ніг були надто ніжні, щоб битися, і вони належали Торнтону.

But any strange dog, no matter how strong or brave, gave way.

Але будь-який дивний собака, яким би сильним чи хоробрим він не був, поступався дорогою.

Otherwise, the dog found itself battling Buck; fighting for its life.

Інакше собака опинився в боротьбі з Баком; боровся за своє життя.

Buck had no mercy once he chose to fight against another dog.

Бак не мав милосердя, коли вирішив битися з іншим собакою.

He had learned well the law of club and fang in the Northland.

Він добре вивчив закон палиці та ікла на Півночі.

He never gave up an advantage and never backed away from battle.

Він ніколи не втрачав переваги і ніколи не відступав від битви.

He had studied Spitz and the fiercest dogs of mail and police.

Він вивчав Шпіца та найлютіших собак пошти та поліції.

He knew clearly there was no middle ground in wild combat.

Він чітко знав, що в дикій сутичці немає золотої середини.

He must rule or be ruled; showing mercy meant showing weakness.

Він мусив правити або бути керованим; виявляти милосердя означало виявляти слабкість.

Mercy was unknown in the raw and brutal world of survival.

Милосердя було невідоме у сирому та жорстокому світі виживання.

To show mercy was seen as fear, and fear led quickly to death.

Вияв милосердя сприймався як страх, а страх швидко вів до смерті.

The old law was simple: kill or be killed, eat or be eaten.

Старий закон був простий: вбий або будеш убитий, з'їж або будеш з'їдений.

That law came from the depths of time, and Buck followed it fully.

Той закон прийшов з глибин часів, і Бак дотримувався його неухильно.

Buck was older than his years and the number of breaths he took.

Бак був старший за свої роки та кількість вдихів, які він робив.

He connected the ancient past with the present moment clearly.

Він чітко пов'язав давнє минуле з сучасним моментом.

The deep rhythms of the ages moved through him like the tides.

Глибокі ритми віків пронизували його, немов припливи та відпливи.

Time pulsed in his blood as surely as seasons moved the earth.

Час пульсував у його крові так само впевнено, як пори року рухають землю.

He sat by Thornton's fire, strong-chested and white-fanged.

Він сидів біля вогню в Торнтона, міцногрудий та з білими іклами.

His long fur waved, but behind him the spirits of wild dogs watched.

Його довге хутро майоріло, але позаду нього спостерігали духи диких собак.

Half-wolves and full wolves stirred within his heart and senses.

Напівввовки та справжні вовки ворушилися в його серці та почуттях.

They tasted his meat and drank the same water that he did.

Вони скуштували його м'ясо та випили ту саму воду, що й він.

They sniffed the wind alongside him and listened to the forest.

Вони нюхали вітер поруч із ним і слухали ліс.

They whispered the meanings of the wild sounds in the darkness.

Вони шепотіли значення диких звуків у темряві.

They shaped his moods and guided each of his quiet reactions.

Вони формували його настрій і керували кожною з його тихих реакцій.

They lay with him as he slept and became part of his deep dreams.

Вони лежали з ним, коли він спав, і ставали частиною його глибоких снів.

They dreamed with him, beyond him, and made up his very spirit.

Вони мріяли разом з ним, перевершуючи його, і складали саму його душу.

The spirits of the wild called so strongly that Buck felt pulled.

Духи дикої природи кликали так сильно, що Бак відчув потяг.

Each day, mankind and its claims grew weaker in Buck's heart.

З кожним днем людство та його претензії слабшали в серці Бака.

Deep in the forest, a strange and thrilling call was going to rise.

Глибоко в лісі мав пролунати дивний і хвилюючий поклик.

Every time he heard the call, Buck felt an urge he could not resist.

Щоразу, коли Бак чув цей дзвінок, він відчував непереборне бажання.

He was going to turn from the fire and from the beaten human paths.

Він збирався відвернутися від вогню та зникнути з второваних людських стежок.

He was going to plunge into the forest, going forward without knowing why.

Він збирався пірнути в ліс, рухаючись уперед, не знаючи чому.

He did not question this pull, for the call was deep and powerful.

Він не сумнівався в цьому потягу, бо поклик був глибоким і потужним.

Often, he reached the green shade and soft untouched earth

Часто він досягав зеленої тіні та м'якої недоторканої землі

But then the strong love for John Thornton pulled him back to the fire.

Але потім сильне кохання до Джона Торнтона знову потягнуло його до вогню.

Only John Thornton truly held Buck's wild heart in his grasp.

Тільки Джон Торнтон по-справжньому тримав у своїх обіймах дике серце Бака.

The rest of mankind had no lasting value or meaning to Buck.

Решта людства не мала для Бака жодної тривалої цінності чи сенсу.

Strangers might praise him or stroke his fur with friendly hands.

Незнайомці можуть хвалити його або дружньо гладити його хутро.

Buck remained unmoved and walked off from too much affection.

Бак залишився незворушним і пішов геть від надмірної ласки.

Hans and Pete arrived with the raft that had long been awaited

Ганс і Піт прибули з плотом, якого так довго чекали.

Buck ignored them until he learned they were close to Thornton.

Бак ігнорував їх, доки не дізнався, що вони близько до Торнтона.

After that, he tolerated them, but never showed them full warmth.

Після цього він терпів їх, але ніколи не виявляв до них повної теплоти.

He took food or kindness from them as if doing them a favor.

Він брав від них їжу чи ласкаві послуги, ніби роблячи їм послугу.

They were like Thornton—simple, honest, and clear in thought.

Вони були схожі на Торнтона — прості, чесні та з ясними думками.

All together they traveled to Dawson's saw-mill and the great eddy

Усі разом вони вирушили до лісопилки Доусона та до великого виру.

On their journey the learned to understand Buck's nature deeply.

Під час своєї подорожі вони навчилися глибоко розуміти природу Бака.

They did not try to grow close like Skeet and Nig had done.

Вони не намагалися зблизитися, як це зробили Скіт та Ніг.

But Buck's love for John Thornton only deepened over time.

Але любов Бака до Джона Торнтона з часом лише поглиблювалася.

Only Thornton could place a pack on Buck's back in the summer.

Тільки Торнтон міг покласти клуню на спину Бака влітку.

Whatever Thornton commanded, Buck was willing to do fully.

Що б не наказав Торнтон, Бак був готовий виконати сповна.

One day, after they left Dawson for the headwaters of the Tanana,

Одного дня, після того як вони вирушили з Доусона до верхів'їв Танани,

the group sat on a cliff that dropped three feet to bare bedrock.

Група сиділа на скелі, що спускалася на три фути до голої скелі.

John Thornton sat near the edge, and Buck rested beside him.

Джон Торнтон сидів біля краю, а Бак відпочивав поруч із ним.

Thornton had a sudden thought and called the men's attention.

Торнтона раптом осяяла думка, і він звернув увагу чоловіків.

He pointed across the chasm and gave Buck a single command.

Він показав через прірву і дав Баку одну команду.

"Jump, Buck!" he said, swinging his arm out over the drop.

«Стрибай, Баку!» — сказав він, простягаючи руку через обрив.

In a moment, he had to grab Buck, who was leaping to obey.

За мить йому довелося схопити Бака, який кинувся слухатися.

Hans and Pete rushed forward and pulled both back to safety.
Ганс і Піт кинулися вперед і відтягли обох назад у безпечне місце.

After all ended, and they had caught their breath, Pete spoke up.
Після того, як усе закінчилося, і вони перевели подих, Піт заговорив.

"The love's uncanny," he said, shaken by the dog's fierce devotion.
«Це кохання неймовірне», — сказав він, вражений палкою відданістю собаки.

Thornton shook his head and replied with calm seriousness.
Торнтон похитав головою та відповів зі спокійною серйозністю.

"No, the love is splendid," he said, "but also terrible."
«Ні, кохання чудове, — сказав він, — але водночас жахливе».

"Sometimes, I must admit, this kind of love makes me afraid."
«Іноді, мушу визнати, таке кохання мене лякає».

Pete nodded and said, "I'd hate to be the man who touches you."
Піт кивнув і сказав: «Я б не хотів бути тим чоловіком, який тебе торкнеться».

He looked at Buck as he spoke, serious and full of respect.
Говорячи, він дивився на Бака серйозно та сповнено поваги.

"Py Jingo!" said Hans quickly. "Me either, no sir."
— Пі Джинго! — швидко сказав Ганс. — Я теж, ні, сер.

Before the year ended, Pete's fears came true at Circle City.
Ще до кінця року побоювання Піта справдилися в Серкл-Сіті.

A cruel man named Black Burton picked a fight in the bar.
Жорстокий чоловік на ім'я Блек Бертон влаштував бійку в барі.

He was angry and malicious, lashing out at a new tenderfoot.
Він був розлючений і злісний, накинувшись на нового новачка.

John Thornton stepped in, calm and good-natured as always.
Джон Торнтон увійшов у гру, спокійний і добродушний, як завжди.

Buck lay in a corner, head down, watching Thornton closely.
Бак лежав у кутку, опустивши голову, уважно спостерігаючи за Торнтоном.

Burton suddenly struck, his punch sending Thornton spinning.
Бертон раптово завдав удару, від якого Торнтона аж обернулося.

Only the bar's rail kept him from crashing hard to the ground.
Лише поручні перекладини врятували його від сильного падіння на землю.

The watchers heard a sound that was not bark or yelp
Спостерігачі почули звук, який не був гавкотом чи вереском

a deep roar came from Buck as he launched toward the man.
Бак видав глибокий рев, кидаючись до чоловіка.

Burton threw his arm up and barely saved his own life.
Бертон підняв руку і ледве врятував власне життя.

Buck crashed into him, knocking him flat onto the floor.
Бак врізався в нього, збивши його на підлогу.

Buck bit deep into the man's arm, then lunged for the throat.
Бак глибоко вкусив чоловіка за руку, а потім кинувся до горла.

Burton could only partly block, and his neck was torn open.
Бертон зміг лише частково заблокувати м'яч, і його шия була розірвана.

Men rushed in, clubs raised, and drove Buck off the bleeding man.
Чоловіки кинулися всередину з піднятими кийками та відігнали Бака від стікаючих кров'ю людей.

A surgeon worked quickly to stop the blood from flowing out.
Хірург швидко взявся за справу, щоб зупинити витік крові.

Buck paced and growled, trying to attack again and again.
Бак ходив туди-сюди та гарчав, намагаючись атакувати знову і знову.

Only swinging clubs kept him back from reaching Burton.
Тільки розгойдування кийків завадило йому дістатися до Бертона.

A miners' meeting was called and held right there on the spot.
Збори шахтарів були скликані та проведені прямо на місці.

They agreed Buck had been provoked and voted to set him free.
Вони погодилися, що Бака спровокували, і проголосували за його звільнення.

But Buck's fierce name now echoed in every camp in Alaska.
Але люте ім'я Бака тепер лунуло в кожному таборі Аляски.

Later that fall, Buck saved Thornton again in a new way.
Пізніше тієї ж осені Бак знову врятував Торнтона новим способом.

The three men were guiding a long boat down rough rapids.
Троє чоловіків вели довгий човен бурхливими порогами.

Thornton maned the boat, calling directions to the shoreline.
Торнтон керував човном, вигукуючи вказівки щодо шляху до берегової лінії.

Hans and Pete ran on land, holding a rope from tree to tree.
Ганс і Піт бігли по суші, тримаючи мотузку, перетягнуту від дерева до дерева.

Buck kept pace on the bank, always watching his master.
Бак не відставав від берега, незмінно спостерігаючи за своїм господарем.

At one nasty place, rocks jutted out under the fast water.
В одному неприємному місці скелі стирчали з-під швидкої води.

Hans let go of the rope, and Thornton steered the boat wide.
Ганс відпустив мотузку, і Торнтон широко спрямував
човен.

**Hans sprinted to catch the boat again past the dangerous
rocks.**
Ганс побіг, щоб знову наздогнати човен, пропливши за
небезпечні скелі.

**The boat cleared the ledge but hit a stronger part of the
current.**
Човен обійшов виступ, але вдарився об сильнішу частину
течії.

**Hans grabbed the rope too quickly and pulled the boat off
balance.**
Ганс занадто швидко схопив мотузку і вибив човен з
рівноваги.

**The boat flipped over and slammed into the bank, bottom
up.**
Човен перекинувся і вдарився об берег днищем догори
дном.

**Thornton was thrown out and swept into the wildest part of
the water.**
Торнтона викинуло на берег і змило в найбурхливішу
частину води.

**No swimmer could have survived in those deadly, racing
waters.**
Жоден плавець не зміг би вижити в цих смертельних,
швидкісних водах.

**Buck jumped in instantly and chased his master down the
river.**
Бак миттєво стрибнув і погнався за своїм господарем униз
по річці.

After three hundred yards, he reached Thornton at last.
Через триста ярдів він нарешті дістався Торнтона.

**Thornton grabbed Buck's tail, and Buck turned for the
shore.**
Торнтон схопив Бака за хвіст, і Бек повернув до берега.

He swam with full strength, fighting the water's wild drag.

Він плив щосили, борючись із шаленим опором води.

They moved downstream faster than they could reach the shore.

Вони рухалися за течією швидше, ніж могли дістатися до берега.

Ahead, the river roared louder as it fell into deadly rapids.

Попереду річка ревела голосніше, впадаючи у смертельні пороги.

Rocks sliced through the water like the teeth of a huge comb.

Камені розсікали воду, немов зубці величезного гребінця.

The pull of the water near the drop was savage and inescapable.

Потяг води біля краю був шаленим і неминучим.

Thornton knew they could never make the shore in time.

Торнтон знав, що вони ніколи не зможуть вчасно дістатися берега.

He scraped over one rock, smashed across a second,

Він шкрябав об один камінь, розбивався об другий,

And then he crashed into a third rock, grabbing it with both hands.

А потім він врізався в третій камінь, схопившись за нього обома руками.

He let go of Buck and shouted over the roar, "Go, Buck! Go!"

Він відпустив Бака й крикнув крізь рев: «Вперед, Баку! Вперед!»

Buck could not stay afloat and was swept down by the current.

Бак не зміг втриматися на плаву і його знесло течією.

He fought hard, struggling to turn, but made no headway at all.

Він щосили боровся, намагаючись повернутись, але зовсім не просунувся вперед.

Then he heard Thornton repeat the command over the river's roar.

Потім він почув, як Торнтон повторив команду крізь рев річки.

Buck reared out of the water, raised his head as if for a last look.

Бак виринув з води, підняв голову, ніби востаннє глянувши.

then turned and obeyed, swimming toward the bank with resolve.

потім повернувся і послухався, рішуче попливши до берега.

Pete and Hans pulled him ashore at the final possible moment.

Піт і Ганс витягли його на берег в останню мить.

They knew Thornton could cling to the rock for only minutes more.

Вони знали, що Торнтон зможе триматися за скелю лише кілька хвилин.

They ran up the bank to a spot far above where he was hanging.

Вони побігли берегом до місця високо над тим місцем, де він висів.

They tied the boat's line to Buck's neck and shoulders carefully.

Вони обережно прив'язали човенну мотузку до шиї та плечей Бака.

The rope was snug but loose enough for breathing and movement.

Мотузка була щільно прилягаючою, але достатньо вільною для дихання та руху.

Then they launched him into the rushing, deadly river again.

Потім вони знову скинули його у стрімку, смертельну річку.

Buck swam boldly but missed his angle into the stream's force.

Бак сміливо плив, але не потрапив під свій кут у сильну течію.

He saw too late that he was going to drift past Thornton.

Він надто пізно зрозумів, що проїде повз Торнтона.

Hans jerked the rope tight, as if Buck were a capsizing boat.

Ганс смикнув мотузку, ніби Бак був човном, що перекидається.

The current pulled him under, and he vanished below the surface.

Течія потягнула його під воду, і він зник під поверхнею.

His body struck the bank before Hans and Pete pulled him out.

Його тіло вдарилося об берег, перш ніж Ганс і Піт витягли його.

He was half-drowned, and they pounded the water out of him.

Він наполовину потонув, і вони викачали з нього воду.

Buck stood, staggered, and collapsed again onto the ground.

Бак підвівся, похитнувся і знову впав на землю.

Then they heard Thornton's voice faintly carried by the wind.

Потім вони почули голос Торнтона, ледь чутний вітром.

Though the words were unclear, they knew he was near death.

Хоча слова були незрозумілими, вони знали, що він близький до смерті.

The sound of Thornton's voice hit Buck like an electric jolt.

Звук голосу Торнтона вдарив Бака, немов електричний розряд.

He jumped up and ran up the bank, returning to the launch point.

Він схопився та побіг угору по берегу, повертаючись до місця старту.

Again they tied the rope to Buck, and again he entered the stream.

Знову вони прив'язали Бака мотузкою, і він знову увійшов у струмок.

This time, he swam directly and firmly into the rushing water.

Цього разу він плив прямо та рішуче у стрімку воду.

Hans let out the rope steadily while Pete kept it from tangling.

Ганс повільно відпускав мотузку, поки Піт не давав їй заплутатися.

Buck swam hard until he was lined up just above Thornton.

Бак щосили плив, аж поки не опинився трохи вище Торнтона.

Then he turned and charged down like a train in full speed.

Потім він розвернувся і помчав униз, немов поїзд на повній швидкості.

Thornton saw him coming, braced, and locked arms around his neck.

Торнтон побачив його наближення, приготувався і обійняв його за шию.

Hans tied the rope fast around a tree as both were pulled under.

Ганс міцно прив'язав мотузку до дерева, коли обох потягнуло під землю.

They tumbled underwater, smashing into rocks and river debris.

Вони котилися під воду, розбиваючись об каміння та річкове уламки.

One moment Buck was on top, the next Thornton rose gasping.

В одну мить Бак був зверху, а в наступну Торнтон підвівся, задихаючись.

Battered and choking, they veered to the bank and safety.

Побиті та задихаючись, вони звернули до берега та безпечного місця.

Thornton regained consciousness, lying across a drift log.

Торнтон прийшов до тями, лежачи на заплавній колоді.

Hans and Pete worked him hard to bring back breath and life.

Ганс і Піт наполегливо працювали, щоб повернути йому дихання та життя.

His first thought was for Buck, who lay motionless and limp.

Його перша думка була про Бака, який лежав нерухомо та безсило.

Nig howled over Buck's body, and Skeet licked his face gently.

Ніг завив над тілом Бака, а Скіт ніжно облизав його обличчя.

Thornton, sore and bruised, examined Buck with careful hands.

Торнтон, весь у синцях і боляче на тілі, обережно оглянув Бака.

He found three ribs broken, but no deadly wounds in the dog.

Він виявив у собаки три зламані ребра, але смертельних ран не було.

"That settles it," Thornton said. "We camp here." And they did.

«Це вирішує питання», — сказав Торнтон. «Ми тут таборуємо». І вони так і зробили.

They stayed until Buck's ribs healed and he could walk again.

Вони залишалися, поки ребра Бака не загоїлися, і він знову не зміг ходити.

That winter, Buck performed a feat that raised his fame further.

Тієї зими Бак здійснив подвиг, який ще більше підняв його славу.

It was less heroic than saving Thornton, but just as impressive.

Це було менш героїчно, ніж порятунок Торнтона, але так само вражаюче.

At Dawson, the partners needed supplies for a distant journey.

У Доусоні партнерам потрібні були припаси для далекої подорожі.

They wanted to travel East, into untouched wilderness lands.

Вони хотіли подорожувати на Схід, у недоторкані дикі землі.

Buck's deed in the Eldorado Saloon made that trip possible.
Вчинок Бака в салуні Ельдорадо зробив цю поїздку можливою.

It began with men bragging about their dogs over drinks.
Все почалося з того, що чоловіки вихвалялися своїми собаками за випивкою.

Buck's fame made him the target of challenges and doubt.
Слава Бака зробила його мішенню для викликів та сумнівів.

Thornton, proud and calm, stood firm in defending Buck's name.
Торнтон, гордий і спокійний, твердо стояв на захисті імені Бака.

One man said his dog could pull five hundred pounds with ease.
Один чоловік сказав, що його собака може легко потягнути п'ятсот фунтів.

Another said six hundred, and a third bragged seven hundred.
Інший сказав шістсот, а третій похвалився сімсот.

"Pfft!" said John Thornton, "Buck can pull a thousand pound sled."
«Пфф!» — сказав Джон Торнтон. — «Бак може тягнути сани вагою в тисячу фунтів».

Matthewson, a Bonanza King, leaned forward and challenged him.
Метьюсон, король Бонанзи, нахилився вперед і кинув йому виклик.

"You think he can put that much weight into motion?"
«Ти думаєш, що він може привести в рух таку велику вагу?»

"And you think he can pull the weight a full hundred yards?"
«І ти думаєш, що він зможе протягнути цю вагу на цілих сто ярдів?»

Thornton replied coolly, "Yes. Buck is dog enough to do it."

Торнтон холоднокровно відповів: «Так. Бак достатньо хороший пес, щоб це зробити».

"He'll put a thousand pounds into motion, and pull it a hundred yards."

«Він змусить рухатися тисячу фунтів і потягне його на сто ярдів».

Matthewson smiled slowly and made sure all men heard his words.

Метьюсон повільно посміхнувся і переконався, що всі чоловіки почули його слова.

"I've got a thousand dollars that says he can't. There it is."

«У мене є тисяча доларів, які говорять, що він не зможе. Ось вона».

He slammed a sack of gold dust the size of sausage on the bar.

Він грюкнув мішечком золотого пилу завбільшки з ковбасу по барній стійці.

Nobody said a word. The silence grew heavy and tense around them.

Ніхто не промовив ні слова. Тиша навколо них ставала все важчою та напруженішою.

Thornton's bluff—if it was one—had been taken seriously.

Торнтонов блеф — якщо це був блеф — сприйняли серйозно.

He felt heat rise in his face as blood rushed to his cheeks.

Він відчув, як жар піднімається до його обличчя, кров прилила до щік.

His tongue had gotten ahead of his reason in that moment.

У ту мить його язик випередив розум.

He truly didn't know if Buck could move a thousand pounds.

Він справді не знав, чи зможе Бак зрушити з місця тисячу фунтів.

Half a ton! The size of it alone made his heart feel heavy.

Півтонни! Вже сам його розмір стиснув йому серце.

He had faith in Buck's strength and had thought him capable.

Він вірив у силу Бака і вважав його здатним.

But he had never faced this kind of challenge, not like this.

Але він ніколи не стикався з таким викликом, не з таким.

A dozen men watched him quietly, waiting to see what he'd do.

Десяток чоловіків мовчки спостерігали за ним, чекаючи, що він зробить.

He didn't have the money—neither did Hans or Pete.

У нього не було грошей — як і в Ганса, чи в Піта.

"I've got a sled outside," said Matthewson coldly and direct.

«У мене надворі сани», — холодно та прямо сказав Метьюсон.

"It's loaded with twenty sacks, fifty pounds each, all flour.

«Він завантажений двадцятьма мішками, по п'ятдесят фунтів кожен, все борошно.

So don't let a missing sled be your excuse now," he added.

Тож не дозволяйте зниклим саням бути вашим виправданням зараз, – додав він.

Thornton stood silent. He didn't know what words to offer.

Торнтон мовчав. Він не знав, які слова сказати.

He looked around at the faces without seeing them clearly.

Він озирнувся на обличчя, не розгледівши їх чітко.

He looked like a man frozen in thought, trying to restart.

Він виглядав як людина, завмерла в думках і намагається почати все заново.

Then he saw Jim O'Brien, a friend from the Mastodon days.

Потім він побачив Джима О'Браєна, друга ще з часів мастодонтів.

That familiar face gave him courage he didn't know he had.

Це знайоме обличчя додало йому сміливості, про яку він і не знав.

He turned and asked in a low voice, "Can you lend me a thousand?"

Він повернувся і тихо запитав: «Чи можете ви позичити мені тисячу?»

"Sure," said O'Brien, dropping a heavy sack by the gold already.

«Звичайно», — сказав О'Браєн, вже кидаючи важкий мішок біля золота.

"But truthfully, John, I don't believe the beast can do this."

«Але, чесно кажучи, Джоне, я не вірю, що звір може це зробити».

Everyone in the Eldorado Saloon rushed outside to see the event.

Усі в салуні «Ельдорадо» вибігли надвір, щоб подивитися на подію.

They left tables and drinks, and even the games were paused.

Вони залишили столи та напої, і навіть ігри були призупинені.

Dealers and gamblers came to witness the bold wager's end.

Дилери та гравці прийшли, щоб подивитися на кінець сміливої ставки.

Hundreds gathered around the sled in the icy open street.

Сотні людей зібралися навколо саней на крижаній відкритій вулиці.

Matthewson's sled stood with a full load of flour sacks.

Сани Метьюсона стояли, повні мішків борошна.

The sled had been sitting for hours in minus temperatures.

Сани простояли годинами за мінусової температури.

The sled's runners were frozen tight to the packed-down snow.

Полозья саней міцно примерзли до утрамбованого снігу.

Men offered two-to-one odds that Buck could not move the sled.

Чоловіки поставили два до одного на те, що Бак не зможе зрушити сани.

A dispute broke out about what "break out" really meant.

Виникла суперечка щодо того, що насправді означає слово «вирватися».

O'Brien said Thornton should loosen the sled's frozen base.

О'Браєн сказав, що Торнтон має розпушити замерзлу основу саней.

Buck could then "break out" from a solid, motionless start.

Тоді Бак міг «вирватися» з твердого, нерухомого старту.

Matthewson argued the dog must break the runners free too.

Метьюсон стверджував, що собака також має звільнити бігунів.

The men who had heard the bet agreed with Matthewson's view.

Чоловіки, які чули про парі, погодилися з точкою зору Метьюсона.

With that ruling, the odds jumped to three-to-one against Buck.

З цим рішенням шанси зросли до трьох до одного проти Бака.

No one stepped forward to take the growing three-to-one odds.

Ніхто не зробив крок вперед, щоб скористатися зростаючими шансами три до одного.

Not a single man believed Buck could perform the great feat.

Жоден чоловік не вірив, що Бак здатний на такий великий подвиг.

Thornton had been rushed into the bet, heavy with doubts.

Торнтона, обтяженого сумнівами, поспішно втягнули в цю парі.

Now he looked at the sled and the ten-dog team beside it.

Тепер він подивився на сани та упряжку з десяти собак поруч.

Seeing the reality of the task made it seem more impossible.

Бачачи реальність завдання, воно здавалося ще більш неможливим.

Matthewson was full of pride and confidence in that moment.

У той момент Меттьюсон був сповнений гордості та впевненості.

"Three to one!" he shouted. "I'll bet another thousand, Thornton!

«Три до одного!» — крикнув він. — «Ставлю ще тисячу, Торнтоне!»

What do you say?" he added, loud enough for all to hear.

— Що скажеш? — додав він достатньо голосно, щоб усі почули.

Thornton's face showed his doubts, but his spirit had risen.

Обличчя Торнтона виражало сумніви, але його дух піднявся.

That fighting spirit ignored odds and feared nothing at all.

Цей бойовий дух ігнорував труднощі та нічого не боявся.

He called Hans and Pete to bring all their cash to the table.

Він зателефонував Гансу та Піту, щоб ті принесли всі свої гроші до столу.

They had little left—only two hundred dollars combined.

У них залишилося мало що — лише двісті доларів разом.

This small sum was their total fortune during hard times.

Ця невелика сума була їхнім повним статком у важкі часи.

Still, they laid all of the fortune down against Matthewson's bet.

Однак вони поставили весь статок на ставку Метьюсона.

The ten-dog team was unhitched and moved away from the sled.

Десятисобача упряжка була відпряжена та відійшла від саней.

Buck was placed in the reins, wearing his familiar harness.

Бака посадили за віжки, одягнувши свою звичну упряж.

He had caught the energy of the crowd and felt the tension.

Він вловив енергію натовпу та відчув напругу.

Somehow, he knew he had to do something for John Thornton.

Якимось чином він знав, що має щось зробити для Джона Торнтона.

People murmured with admiration at the dog's proud figure.

Люди захоплено шепотіли, дивлячись на горду постать собаки.

He was lean and strong, without a single extra ounce of flesh.

Він був худий і міцний, без жодної зайвої унції плоті.

His full weight of hundred fifty pounds was all power and endurance.

Його повна вага в сто п'ятдесят фунтів була суцільною силою та витривалістю.

Buck's coat gleamed like silk, thick with health and strength.

Шуба Бака блищала, як шовк, густа від здоров'я та сили.

The fur along his neck and shoulders seemed to lift and bristle.

Хутро на його шиї та плечах ніби дибки стало й щетиною.

His mane moved slightly, each hair alive with his great energy.

Його грива ледь помітно ворухнулася, кожна волосинка ожила від його величезної енергії.

His broad chest and strong legs matched his heavy, tough frame.

Його широкі груди та міцні ноги відповідали його важкій, міцній статурі.

Muscles rippled under his coat, tight and firm as bound iron.

М'язи напружувалися під його пальто, напружені та тверді, як скуте залізо.

Men touched him and swore he was built like a steel machine.

Чоловіки торкалися його й клялися, що він був збудований, як сталева машина.

The odds dropped slightly to two to one against the great dog.

Шанси трохи знизилися до двох до одного проти великого пса.

A man from the Skookum Benches pushed forward, stuttering.

Чоловік зі Скукумських лавок просунувся вперед, затинаючись.

"Good, sir! I offer eight hundred for him—before the test, sir!"

«Добре, сер! Пропоную за нього вісімсот… до випробування, сер!»

"Eight hundred, as he stands right now!" the man insisted.

«Вісімсот, як він зараз стоїть!» — наполягав чоловік.

Thornton stepped forward, smiled, and shook his head calmly.

Торнтон ступив уперед, посміхнувся та спокійно похитав головою.

Matthewson quickly stepped in with a warning voice and frown.

Меттьюсон швидко втрутився попереджувальним голосом і насупився.

"You must step away from him," he said. "Give him space."

«Ти мусиш відійти від нього подалі», — сказав він. «Дай йому простір».

The crowd grew silent; only gamblers still offered two to one.

Натовп замовк; лише гравці все ще ставили два до одного.

Everyone admired Buck's build, but the load looked too great.

Усі захоплювалися статурою Бака, але вантаж виглядав занадто великим.

Twenty sacks of flour—each fifty pounds in weight— seemed far too much.

Двадцять мішків борошна — кожен вагою п'ятдесят фунтів — здалися занадто великими.

No one was willing to open their pouch and risk their money.

Ніхто не бажав відкривати гаманець і ризикувати грошима.

Thornton knelt beside Buck and took his head in both hands.

Торнтон став навколішки поруч із Баком і взяв його голову обома руками.

He pressed his cheek against Buck's and spoke into his ear.

Він притиснувся щокою до Бакової і промовив йому на вухо.

There was no playful shaking or whispered loving insults now.

Тепер не було жодного грайливого тряски чи шепоту любовних образ.

He only murmured softly, "As much as you love me, Buck."

Він лише тихо пробурмотів: «Як би ти мене не любив, Баку».

Buck let out a quiet whine, his eagerness barely restrained.

Бак тихо заскиглив, ледве стримуючи своє нетерпіння.

The onlookers watched with curiosity as tension filled the air.

Очільники з цікавістю спостерігали, як повітря наповнювало напруження.

The moment felt almost unreal, like something beyond reason.

Цей момент здавався майже нереальним, ніби щось поза межами розумного.

When Thornton stood, Buck gently took his hand in his jaws.

Коли Торнтон підвівся, Бак обережно взяв його руку в щелепи.

He pressed down with his teeth, then let go slowly and gently.

Він натиснув зубами, а потім повільно та обережно відпустив.

It was a silent answer of love, not spoken, but understood.

Це була мовчазна відповідь кохання, не висловлена, а зрозуміла.

Thornton stepped well back from the dog and gave the signal.

Торнтон відійшов далеко від собаки та подав знак.

"Now, Buck," he said, and Buck responded with focused calm.

«Ну ж бо, Баку», — сказав він, і Бак відповів зосередженим спокійним тоном.

Buck tightened the traces, then loosened them by a few inches.

Бак спочатку затягнув мотузки, а потім послабив їх на кілька дюймів.

This was the method he had learned; his way to break the sled.

Це був метод, який він вивчив; його спосіб зламати сани.

"Gee!" Thornton shouted, his voice sharp in the heavy silence.

«Гей!» — крикнув Торнтон різким голосом у важкій тиші.

Buck turned to the right and lunged with all of his weight.

Бак повернувся праворуч і зробив ривок щосили.

The slack vanished, and Buck's full mass hit the tight traces.

Провисання зникло, і Бак усією своєю вагою вдарився об вузькі траси.

The sled trembled, and the runners made a crisp crackling sound.

Сани затремтіли, а полозки видали хрусткий тріск.

"Haw!" Thornton commanded, shifting Buck's direction again.

«Гау!» — скомандував Торнтон, знову змінюючи напрямок Бака.

Buck repeated the move, this time pulling sharply to the left.

Бак повторив рух, цього разу різко потягнувши ліворуч.

The sled cracked louder, the runners snapping and shifting.

Сани тріщали голосніше, полозки клацали та зсувалися.

The heavy load slid slightly sideways across the frozen snow.

Важкий вантаж трохи ковзав боком по замерзлому снігу.

The sled had broken free from the grip of the icy trail!

Санки вирвалися з обіймів крижаної стежки!

Men held their breath, unaware they were not even breathing.

Чоловіки затамували подих, навіть не усвідомлюючи, що вони не дихають.

"Now, PULL!" Thornton cried out across the frozen silence.

«А тепер, ТЯГНІТЬ!» — крикнув Торнтон крізь крижану тишу.

Thornton's command rang out sharp, like the crack of a whip.

Команда Торнтона пролунала різко, немов клацання батога.

Buck hurled himself forward with a fierce and jarring lunge.

Бак кинувся вперед лютим та різким випадом.

His whole frame tensed and bunched for the massive strain.

Все його тіло напружилося та стиснулося від величезного навантаження.

Muscles rippled under his fur like serpents coming alive.

М'язи напружувалися під його хутром, немов оживаючі змії.

His great chest was low, head stretched forward toward the sled.

Його пишні груди були низькими, голова витягнута вперед, до саней.

His paws moved like lightning, claws slicing the frozen ground.

Його лапи рухалися, мов блискавка, кігті розсікали замерзлу землю.

Grooves were cut deep as he fought for every inch of traction.

Канавки були глибокими, поки він боровся за кожен сантиметр зчеплення.

The sled rocked, trembled, and began a slow, uneasy motion.

Санки захиталися, затремтіли й почали повільний, неспокійний рух.

One foot slipped, and a man in the crowd groaned aloud.

Одна нога послизнулася, і чоловік у натовпі голосно застогнав.

Then the sled lunged forward in a jerking, rough movement.

Потім сани різко, різко помчали вперед.

It didn't stop again—half an inch...an inch...two inches more.

Воно знову не зупинилося — півдюйма... дюйм... ще два дюйми.

The jerks became smaller as the sled began to gather speed.

Ривок стихав, коли сани почали набирати швидкість.

Soon Buck was pulling with smooth, even, rolling power.

Невдовзі Бак тягнув з плавною, рівномірною, кочливою силою.

Men gasped and finally remembered to breathe again.

Чоловіки ахнули і нарешті згадали знову дихати.

They had not noticed their breath had stopped in awe.

Вони не помітили, як у них перехопило подих від благоговіння.

Thornton ran behind, calling out short, cheerful commands.

Торнтон біг позаду, вигукуючи короткі, бадьорі команди.

Ahead was a stack of firewood that marked the distance.

Попереду була купа дров, яка позначала відстань.

As Buck neared the pile, the cheering grew louder and louder.

Коли Бак наближався до купи, оплески ставали дедалі голоснішими.

The cheering swelled into a roar as Buck passed the end point.

Огуки переросли в рев, коли Бак минув кінцеву точку.

Men jumped and shouted, even Matthewson broke into a grin.

Чоловіки підстрибували та кричали, навіть Метьюсон розплився в усмішці.

Hats flew into the air, mittens were tossed without thought or aim.

Капелюхи злітали в повітря, рукавиці жбурляли без роздумів і мети.

Men grabbed each other and shook hands without knowing who.

Чоловіки схопилися один за одного й потиснули руки, не знаючи кому.

The whole crowd buzzed in wild, joyful celebration.

Весь натовп гудів у шаленому, радісному святкуванні.

Thornton dropped to his knees beside Buck with trembling hands.

Торнтон тремтячими руками опустився на коліна поруч із Баком.

He pressed his head to Buck's and shook him gently back and forth.

Він притиснув голову до Бака і легенько похитав його туди-сюди.

Those who approached heard him curse the dog with quiet love.

Ті, хто підходив, чули, як він тихо проклинав собаку.

He swore at Buck for a long time—softly, warmly, with emotion.

Він довго лаявся на Бака — тихо, тепло, зворушено.

"Good, sir! Good, sir!" cried the Skookum Bench king in a rush.

«Добре, сер! Добре, сер!» — поспішно вигукнув король лави Скукумів.

"I'll give you a thousand—no, twelve hundred—for that dog, sir!".

«Я дам вам тисячу… ні, двісті двісті… за цього собаку, сер!»

Thornton rose slowly to his feet, his eyes shining with emotion.

Торнтон повільно підвівся на ноги, його очі сяяли емоціями.

Tears streamed openly down his cheeks without any shame.

Сльози відкрито котилися по його щоках без жодного сорому.

"Sir," he said to the Skookum Bench king, steady and firm

«Пане», — сказав він королю лави Скукумів, твердо та непохитно

"No, sir. You can go to hell, sir. That's my final answer."

«Ні, сер. Можете йти до біса, сер. Це моя остаточна відповідь».

Buck grabbed Thornton's hand gently in his strong jaws.

Бак ніжно схопив руку Торнтона своїми міцними щелепами.

Thornton shook him playfully, their bond deep as ever.

Торнтон грайливо потиснув його, їхній зв'язок був міцним, як ніколи.

The crowd, moved by the moment, stepped back in silence.

Натовп, зворушений моментом, мовчки відступив назад.

From then on, none dared interrupt such sacred affection.

Відтоді ніхто не смів переривати таку священну прихильність.

The Sound of the Call
Звук дзвінка

Buck had earned sixteen hundred dollars in five minutes.
Бак заробив тисячу шістсот доларів за п'ять хвилин.

The money let John Thornton pay off some of his debts.
Ці гроші дозволили Джону Торнтону погасити частину своїх боргів.

With the rest of the money he headed East with his partners.
З рештою грошей він вирушив на Схід разом зі своїми партнерами.

They sought a fabled lost mine, as old as the country itself.
Вони шукали легендарну загублену шахту, таку ж стару, як і сама країна.

Many men had looked for the mine, but few had ever found it.
Багато чоловіків шукали шахту, але мало хто її знайшов.

More than a few men had vanished during the dangerous quest.
Під час небезпечних пошуків зникло чимало чоловіків.

This lost mine was wrapped in both mystery and old tragedy.
Ця втрачена шахта була оповита водночас таємницею та давньою трагедією.

No one knew who the first man to find the mine had been.
Ніхто не знав, хто першим знайшов шахту.

The oldest stories don't mention anyone by name.
У найдавніших оповідях не згадується нікого на ім'я.

There had always been an ancient ramshackle cabin there.
Там завжди стояла стара, напівзруйнована хатина.

Dying men had sworn there was a mine next to that old cabin.
Вмираючі клялися, що поруч із тією старою хатиною була шахта.

They proved their stories with gold like none found elsewhere.

Вони довели свої історії золотом, якого більше ніде не знайти.

No living soul had ever looted the treasure from that place.

Жодна жива душа ніколи не пограбувала скарб з того місця.

The dead were dead, and dead men tell no tales.

Мертві були мертві, а мертві люди не розповідають історій.

So Thornton and his friends headed into the East.

Тож Торнтон та його друзі вирушили на Схід.

Pete and Hans joined, bringing Buck and six strong dogs.

Піт і Ганс приєдналися, привівши Бака та шістьох міцних собак.

They set off down an unknown trail where others had failed.

Вони вирушили невідомою стежкою, де інші зазнали невдачі.

They sledded seventy miles up the frozen Yukon River.

Вони проїхали на санчатах сімдесят миль вгору по замерзлій річці Юкон.

They turned left and followed the trail into the Stewart.

Вони повернули ліворуч і пішли стежкою до річки Стюарт.

They passed the Mayo and McQuestion, pressing farther on.

Вони проїхали повз «Майо» та «МакКвістеншн» і продовжували рухатися далі.

The Stewart shrank into a stream, threading jagged peaks.

Стюарт перетворився на потік, що нишпорив між гострими вершинами.

These sharp peaks marked the very spine of the continent.

Ці гострі вершини позначали сам хребет континенту.

John Thornton demanded little from men or the wild land.

Джон Торнтон мало що вимагав від людей чи дикої землі.

He feared nothing in nature and faced the wild with ease.

Він нічого не боявся в природі та легко сприймав дику природу.

With only salt and a rifle, he could travel where he wished.

Маючи лише сіль та гвинтівку, він міг подорожувати, куди забажає.

Like the natives, he hunted food while he journeyed along.

Як і тубільці, він полював на їжу під час подорожі.

If he caught nothing, he kept going, trusting luck ahead.

Якщо він нічого не зловив, то продовжував рухатися, покладаючись на удачу.

On this long journey, meat was the main thing they ate.

Під час цієї довгої подорожі м'ясо було основною їжею, яку вони їли.

The sled held tools and ammo, but no strict timetable.

У санях було інструменти та боєприпаси, але суворого розкладу не було.

Buck loved this wandering; the endless hunt and fishing.

Бак любив ці мандрівки; нескінченне полювання та риболовлю.

For weeks they were traveling day after steady day.

Тижнями вони подорожували день за днем.

Other times they made camps and stayed still for weeks.

Іншим разом вони розбивали табори і залишалися на місці тижнями.

The dogs rested while the men dug through frozen dirt.

Собаки відпочивали, поки чоловіки копали замерзлу землю.

They warmed pans over fires and searched for hidden gold.

Вони гріли сковорідки на вогні та шукали заховане золото.

Some days they starved, and some days they had feasts.

Інколи вони голодували, а інколи влаштовували бенкети.

Their meals depended on the game and the luck of the hunt.

Їхнє харчування залежало від дичини та удачі на полюванні.

When summer came, men and dogs packed loads on their backs.

Коли настало літо, чоловіки та собаки вантажили вантажі на спинах.

They rafted across blue lakes hidden in mountain forests.

Вони сплавлялися на плотах по блакитних озерах, захованих у гірських лісах.

They sailed slim boats on rivers no man had ever mapped.
Вони плавали на вузьких човнах річками, які жодна людина ніколи не картографувала.

Those boats were built from trees they sawed in the wild.
Ці човни були побудовані з дерев, які вони розпиляли в дикій природі.

The months passed, and they twisted through the wild unknown lands.
Минали місяці, і вони петляли крізь дикі невідомі землі.

There were no men there, yet old traces hinted that men had been.
Чоловіків там не було, проте старі сліди натякали на те, що чоловіки там були.

If the Lost Cabin was real, then others had once come this way.
Якщо Загублена Хатина справжня, то цією стежкою колись проходили й інші.

They crossed high passes in blizzards, even during the summer.
Вони перетинали високі перевали у хуртовини, навіть влітку.

They shivered under the midnight sun on bare mountain slopes.
Вони тремтіли під опівнічним сонцем на голих гірських схилах.

Between the treeline and the snowfields, they climbed slowly.
Між лісовою смугою та сніговими полями вони повільно піднімалися вгору.

In warm valleys, they swatted at clouds of gnats and flies.
У теплих долинах вони відлякували хмари комарів та мух.

They picked sweet berries near glaciers in full summer bloom.

Вони збирали солодкі ягоди біля льодовиків у повному цвітінні влітку.

The flowers they found were as lovely as those in the Southland.

Квіти, які вони знайшли, були такі ж прекрасні, як і ті, що ростуть у Південній країні.

That fall they reached a lonely region filled with silent lakes.

Тієї осені вони дісталися безлюдного краю, повного мовчазних озер.

The land was sad and empty, once alive with birds and beasts.

Земля була сумною та порожньою, колись повною птахів та звірів.

Now there was no life, just the wind and ice forming in pools.

Тепер там не було життя, лише вітер та лід, що утворювався в калюжах.

Waves lapped against empty shores with a soft, mournful sound.

Хвилі з м'яким, тужливим звуком плескалися об порожні береги.

Another winter came, and they followed faint, old trails again.

Настала ще одна зима, і вони знову йшли ледь помітними старими стежками.

These were the trails of men who had searched long before them.

Це були стежки людей, які шукали задовго до них.

Once they found a path cut deep into the dark forest.

Одного разу вони знайшли стежку, що прорізалася глибоко в темний ліс.

It was an old trail, and they felt the lost cabin was close.

Це була стара стежка, і вони відчували, що загублена хатина була близько.

But the trail led nowhere and faded into the thick woods.

Але стежка нікуди не віла і зникала в густому лісі.

Whoever made the trail, and why they made it, no one knew.

Хто б не проклав цей шлях і чому, ніхто не знав.

Later, they found the wreck of a lodge hidden among the trees.

Пізніше вони знайшли залишки хатини, заховані серед дерев.

Rotting blankets lay scattered where someone once had slept.

Там, де колись хтось спав, лежали розкидані гнилі ковдри.

John Thornton found a long-barreled flintlock buried inside.

Джон Торнтон знайшов усередині закопаний крем'яний ручний замок із довгим стволом.

He knew this was a Hudson Bay gun from early trading days.

Він знав, що це гармата Гудзонової затоки ще з перших днів торгівлі.

In those days such guns were traded for stacks of beaver skins.

У ті часи такі рушниці вимінювали на купи бобрових шкур.

That was all—no clue remained of the man who built the lodge.

Ось і все — не залишилося жодної натяку на людину, яка збудувала цей будиночок.

Spring came again, and they found no sign of the Lost Cabin.

Знову настала весна, а Загубленої Хатини вони не знайшли жодних ознак.

Instead they found a broad valley with a shallow stream.

Натомість вони знайшли широку долину з неглибоким струмком.

Gold lay across the pan bottoms like smooth, yellow butter.

Золото лежало на дні сковорідок, немов гладке жовте масло.

They stopped there and searched no farther for the cabin.

Вони зупинилися там і більше не шукали хатину.

Each day they worked and found thousands in gold dust.

Щодня вони працювали і знаходили тисячі в золотому пилу.

They packed the gold in bags of moose-hide, fifty pounds each.

Вони упаковали золото в мішки з лосячої шкіри, по п'ятдесят фунтів кожен.

The bags were stacked like firewood outside their small lodge.

Мішки були складені, як дрова, біля їхньої маленької хатини.

They worked like giants, and the days passed like quick dreams.

Вони працювали як велетні, а дні минали, як швидкі сни.

They heaped up treasure as the endless days rolled swiftly by.

Вони накопичували скарби, поки нескінченні дні швидко проносилися.

There was little for the dogs to do except haul meat now and then.

Собакам мало що залишалося робити, окрім як час від часу тягати м'ясо.

Thornton hunted and killed the game, and Buck lay by the fire.

Торнтон полював і вбивав дичину, а Бак лежав біля вогню.

He spent long hours in silence, lost in thought and memory.

Він проводив довгі години в мовчанні, заглиблений у думки та спогади.

The image of the hairy man came more often into Buck's mind.

Образ волохатого чоловіка все частіше спливав у Бака в голові.

Now that work was scarce, Buck dreamed while blinking at the fire.

Тепер, коли роботи було мало, Бак мріяв, кліпаючи очима на вогонь.

In those dreams, Buck wandered with the man in another world.

У тих снах Бак блукав з чоловіком в іншому світі.

Fear seemed the strongest feeling in that distant world.

Страх здавався найсильнішим почуттям у тому далекому світі.

Buck saw the hairy man sleep with his head bowed low.

Бак побачив, як волохатий чоловік спав, низько схиливши голову.

His hands were clasped, and his sleep was restless and broken.

Його руки були сплетені, а сон був неспокійний і перерваний.

He used to wake with a start and stare fearfully into the dark.

Він здригався і прокидався з переляку, вдивляючись у темряву.

Then he'd toss more wood onto the fire to keep the flame bright.

Потім він підкидав ще дров у вогонь, щоб полум'я залишалося яскравим.

Sometimes they walked along a beach by a gray, endless sea.

Іноді вони гуляли пляжем біля сірого, безкрайнього моря.

The hairy man picked shellfish and ate them as he walked.

Волохатий чоловік збирав молюсків і їв їх на ходу.

His eyes searched always for hidden dangers in the shadows.

Його очі завжди шукали прихованих небезпек у тіні.

His legs were always ready to sprint at the first sign of threat.

Його ноги завжди були готові бігти за перших ознак загрози.

They crept through the forest, silent and wary, side by side.

Вони кралися лісом, мовчки та обережно, пліч-о-пліч.

Buck followed at his heels, and both of them stayed alert.

Бак ішов за ним по п'ятах, і обидва залишалися напоготові.

Their ears twitched and moved, their noses sniffed the air.
Їхні вуха сіпалися та рухалися, носи нюхали повітря.

The man could hear and smell the forest as sharply as Buck.
Чоловік чув і відчував запах лісу так само гостро, як і Бак.

The hairy man swung through the trees with sudden speed.
Волохатий чоловік з раптовою швидкістю промчав крізь дерева.

He leapt from branch to branch, never missing his grip.
Він стрибав з гілки на гілку, ніколи не пропускаючи хватки.

He moved as fast above the ground as he did upon it.
Він рухався так само швидко над землею, як і по ній.

Buck remembered long nights beneath the trees, keeping watch.
Бак згадував довгі ночі під деревами, коли він стежив за ними.

The man slept roosting in the branches, clinging tight.
Чоловік спав, вмостившись на гілках, міцно притулившись.

This vision of the hairy man was tied closely to the deep call.
Це видіння волохатого чоловіка було тісно пов'язане з глибоким покликом.

The call still sounded through the forest with haunting force.
Поклик все ще лунав крізь ліс з моторошною силою.

The call filled Buck with longing and a restless sense of joy.
Дзвінок сповнив Бака тугою та неспокійним відчуттям радості.

He felt strange urges and stirrings that he could not name.
Він відчував дивні пориви та спонукання, які не міг назвати.

Sometimes he followed the call deep into the quiet woods.
Іноді він йшов на поклик глибоко в тихий ліс.

He searched for the calling, barking softly or sharply as he went.

Він шукав поклику, гавкаючи то тихо, то різко на ходу.

He sniffed the moss and black soil where the grasses grew.

Він понюхав мох і чорний ґрунт, де росли трави.

He snorted with delight at the rich smells of the deep earth.

Він насолоджено пирхнув, вдихаючи насичений запах глибокої землі.

He crouched for hours behind trunks covered in fungus.

Він годинами ховався за стовбурами, вкритими грибком.

He stayed still, listening wide-eyed to every tiny sound.

Він стояв нерухомо, широко розплющивши очі, прислухаючись до кожного найменшого звуку.

He may have hoped to surprise the thing that gave the call.

Можливо, він сподівався здивувати ту істоту, яка зателефонувала.

He did not know why he acted this way—he simply did.

Він не знав, чому повівся так — він просто так робив.

The urges came from deep within, beyond thought or reason.

Ці спонукання йшли з глибини душі, з-поза меж думки чи розуму.

Irresistible urges took hold of Buck without warning or reason.

Непереборні бажання опанували Бака без попередження чи причини.

At times he was dozing lazily in camp under the midday heat.

Часом він ліниво дрімав у таборі під полуденною спекою.

Suddenly, his head lifted and his ears shoot up alert.

Раптом він підвів голову, а вуха насторожилися.

Then he sprang up and dash into the wild without pause.

Потім він схопився і без зупинки кинувся в дику природу.

He ran for hours through forest paths and open spaces.

Він годинами бігав лісовими стежками та відкритими просторами.

He loved to follow dry creek beds and spy on birds in the trees.

Він любив стежити за висохлими руслами струмків і спостерігати за птахами на деревах.

He could lie hidden all day, watching partridges strut around.

Він міг цілий день лежати схований, спостерігаючи, як куріпки походжають навколо.

They drummed and marched, unaware of Buck's still presence.

Вони барабанили та марширували, не підозрюючи про все ще присутність Бака.

But what he loved most was running at twilight in summer.

Але найбільше він любив бігати влітку в сутінках.

The dim light and sleepy forest sounds filled him with joy.

Приглушене світло та сонні лісові звуки наповнювали його радістю.

He read the forest signs as clearly as a man reads a book.

Він читав лісові знаки так само чітко, як людина читає книгу.

And he searched always for the strange thing that called him.

І він завжди шукав ту дивну річ, яка кликала його.

That calling never stopped—it reached him waking or sleeping.

Цей поклик ніколи не припинявся — він досягав його наяву чи уві сні.

One night, he woke with a start, eyes sharp and ears high.

Однієї ночі він прокинувся здригнувшись, з гострим зором і високо нашорошеними вухами.

His nostrils twitched as his mane stood bristling in waves.

Його ніздрі сіпнулися, а грива хвилями стояла наїжачена.

From deep in the forest came the sound again, the old call.

З глибини лісу знову долинув звук, старий поклик.

This time the sound rang clearly, a long, haunting, familiar howl.

Цього разу звук пролунав чітко, довгим, нав'язливим, знайомим виттям.

It was like a husky's cry, but strange and wild in tone.

Це було схоже на крик хаскі, але дивне та дике за тоном.

Buck knew the sound at once—he had heard the exact sound long ago.

Бак одразу впізнав звук — він чув той самий звук давно.

He leapt through camp and vanished swiftly into the woods.

Він простирибнув крізь табір і швидко зник у лісі.

As he neared the sound, he slowed and moved with care.

Наближаючись до звуку, він сповільнився та рухався обережно.

Soon he reached a clearing between thick pine trees.

Невдовзі він дістався галявини між густими соснами.

There, upright on its haunches, sat a tall, lean timber wolf.

Там, прямо на лапах, сидів високий, худий лісовий вовк.

The wolf's nose pointed skyward, still echoing the call.

Вовчий ніс був спрямований до неба, все ще відлунюючи поклик.

Buck had made no sound, yet the wolf stopped and listened.

Бак не видав жодного звуку, проте вовк зупинився і прислухався.

Sensing something, the wolf tensed, searching the darkness.

Відчуваючи щось, вовк напружився, вдивляючись у темряву.

Buck crept into view, body low, feet quiet on the ground.

Бак непомітно з'явився в полі зору, пригнувшись, ногами стоячи на землі.

His tail was straight, his body coiled tight with tension.

Його хвіст був прямий, тіло міцно стиснуте від напруги.

He showed both threat and a kind of rough friendship.

Він виявляв одночасно загрозу та своєрідну грубу дружбу.

It was the wary greeting shared by beasts of the wild.

Це було обережне вітання, яке поділяють дикі звірі.

But the wolf turned and fled as soon as it saw Buck.

Але вовк обернувся і втік, щойно побачив Бака.

Buck gave chase, leaping wildly, eager to overtake it.

Бак погнався за ним, шалено стрибаючи, прагнучи
наздогнати його.

**He followed the wolf into a dry creek blocked by a timber
jam.**

Він пішов за вовком у пересохлий струмок, перекритий
дерев'яним завалом.

Cornered, the wolf spun around and stood its ground.

Загнаний у кут, вовк обернувся і завмер на місці.

**The wolf snarled and snapped like a trapped husky dog in a
fight.**

Вовк загарчав і огризався, як спійманий хаскі в бійці.

**The wolf's teeth clicked fast, its body bristling with wild
fury.**

Вовчі зуби швидко клацнули, його тіло аж стискалося від
дикої люті.

**Buck did not attack but circled the wolf with careful
friendliness.**

Бак не атакував, а обережно та дружелюбно обійшов
вовка.

He tried to block his escape by slow, harmless movements.

Він спробував заблокувати свою втечу повільними,
нешкідливими рухами.

**The wolf was wary and scared—Buck outweighed him three
times.**

Вовк був обережний і наляканий — Бак переважував його
втричі.

**The wolf's head barely reached up to Buck's massive
shoulder.**

Голова вовка ледве сягала масивного плеча Бака.

**Watching for a gap, the wolf bolted and the chase began
again.**

Спостерігаючи за проміжком, вовк кинувся тікати, і
погоня почалася знову.

Several times Buck cornered him, and the dance repeated.

Кілька разів Бак заганяв його в кут, і танець повторювався.

**The wolf was thin and weak, or Buck could not have caught
him.**

Вовк був худий і слабкий, інакше Бак не зміг би його спіймати.

Each time Buck drew near, the wolf spun and faced him in fear.

Щоразу, як Бак наближався, вовк обертався і злякано дивився йому в обличчя.

Then at the first chance, he dashed off into the woods once more.

Тоді за першої ж нагоди він знову кинувся в ліс.

But Buck did not give up, and finally the wolf came to trust him.

Але Бак не здавався, і врешті-решт вовк почав йому довіряти.

He sniffed Buck's nose, and the two grew playful and alert.

Він понюхав Бака до носа, і вони вдвох стали грайливими та пильними.

They played like wild animals, fierce yet shy in their joy.

Вони гралися, як дикі звірі, люті, але водночас сором'язливі у своїй радості.

After a while, the wolf trotted off with calm purpose.

Через деякий час вовк спокійно й цілеспрямовано побіг геть.

He clearly showed Buck that he meant to be followed.

Він чітко показав Баку, що має намір за ним стежити.

They ran side by side through the twilight gloom.

Вони бігли пліч-о-пліч крізь сутінковий морок.

They followed the creek bed up into the rocky gorge.

Вони йшли руслом струмка вгору в скелясту ущелину.

They crossed a cold divide where the stream had begun.

Вони перетнули холодну вододіл, де починався потік.

On the far slope they found wide forest and many streams.

На дальньому схилі вони знайшли широкий ліс і багато струмків.

Through this vast land, they ran for hours without stopping.

Через цю неосяжну землю вони бігли годинами без зупинки.

The sun rose higher, the air grew warm, but they ran on.

Сонце піднялося вище, повітря потеплішало, але вони бігли далі.

Buck was filled with joy—he knew he was answering his calling.

Бак був сповнений радості — він знав, що відповідає на своє покликання.

He ran beside his forest brother, closer to the call's source.

Він біг поруч зі своїм лісовим братом, ближче до джерела поклику.

Old feelings returned, powerful and hard to ignore.

Старі почуття повернулися, сильні та важкі для ігнорування.

These were the truths behind the memories from his dreams.

Це була правда, що стояла за спогадами з його снів.

He had done all this before in a distant and shadowy world.

Він уже робив усе це раніше у далекому й тіньовому світі.

Now he did this again, running wild with the open sky above.

Тепер він знову це зробив, шалено бігаючи під відкритим небом угорі.

They stopped at a stream to drink from the cold flowing water.

Вони зупинилися біля струмка, щоб напитися холодної проточної води.

As he drank, Buck suddenly remembered John Thornton.

Поки Бак пив, він раптом згадав про Джона Торнтона.

He sat down in silence, torn by the pull of loyalty and the calling.

Він мовчки сів, розриваючись між вірністю та покликанням.

The wolf trotted on, but came back to urge Buck forward.

Вовк побіг далі риссю, але повернувся, щоб підштовхнути Бака вперед.

He sniffed his nose and tried to coax him with soft gestures.

Він понюхав носом і спробував умовити його м'якими жестами.

But Buck turned around and started back the way he came.

Але Бак розвернувся і пішов назад тим самим шляхом, яким прийшов.

The wolf ran beside him for a long time, whining quietly.

Вовк довго біг поруч з ним, тихо скиглячи.

Then he sat down, raised his nose, and let out a long howl.

Потім він сів, задер носа і протяжно завив.

It was a mournful cry, softening as Buck walked away.

Це був тужливий крик, який стихав, коли Бак відходив.

Buck listened as the sound of the cry faded slowly into the forest silence.

Бак прислухався, як звук крику повільно затих у лісовій тиші.

John Thornton was eating dinner when Buck burst into the camp.

Джон Торнтон саме вечеряв, коли Бак увірвався до табору.

Buck leapt upon him wildly, licking, biting, and tumbling him.

Бак шалено стрибнув на нього, облизуючи, кусаючи та перекидаючи його.

He knocked him over, scrambled on top, and kissed his face.

Він збив його з ніг, виліз наверх і поцілував його в обличчя.

Thornton called this "playing the general tom-fool" with affection.

Торнтон з ніжністю називав це «гранням у дурня».

All the while, he cursed Buck gently and shook him back and forth.

Весь цей час він ніжно лаяв Бака та тряс його туди-сюди.

For two whole days and nights, Buck never left the camp once.

Протягом двох цілих днів і ночей Бак жодного разу не виходив з табору.

He kept close to Thornton and never let him out of his sight.

Він тримався близько до Торнтона і ніколи не випускав його з поля зору.

He followed him as he worked and watched him while he ate.

Він слідував за ним, коли той працював, і спостерігав, поки той їв.

He saw Thornton into his blankets at night and out each morning.

Він бачив Торнтона вночі, закутаного в ковдри, і щоранку, коли той виходив.

But soon the forest call returned, louder than ever before.

Але невдовзі лісовий поклик повернувся, голосніший, ніж будь-коли раніше.

Buck grew restless again, stirred by thoughts of the wild wolf.

Бак знову занепокоївся, схвильований думками про дикого вовка.

He remembered the open land and running side by side.

Він пам'ятав відкриту місцевість і біг пліч-о-пліч.

He began wandering into the forest once more, alone and alert.

Він знову почав блукати лісом, сам і пильний.

But the wild brother did not return, and the howl was not heard.

Але дикий брат не повернувся, і виття не було чути.

Buck started sleeping outside, staying away for days at a time.

Бак почав спати надворі, не маючи його цілими днями.

Once he crossed the high divide where the creek had begun.

Одного разу він перетнув високий вододіл, де починався струмок.

He entered the land of dark timber and wide flowing streams.

Він увійшов у край темних лісів та широких потоків.

For a week he roamed, searching for signs of the wild brother.

Протягом тижня він блукав, шукаючи сліди дикого брата.

He killed his own meat and travelled with long, tireless strides.

Він забивав власну м'ясо та мандрував довгими, невтомними кроками.

He fished for salmon in a wide river that reached the sea.
Він ловив лосося в широкій річці, яка сягала моря.

There, he fought and killed a black bear maddened by bugs.
Там він бився і вбив чорного ведмедя, розлюченого комахами.

The bear had been fishing and ran blindly through the trees.
Ведмідь ловив рибу і наосліп біг по деревах.

The battle was a fierce one, waking Buck's deep fighting spirit up.
Битва була запеклою, пробудивши глибокий бойовий дух Бака.

Two days later, Buck returned to find wolverines at his kill.
Через два дні Бак повернувся і знайшов росомах на місці своєї здобичі.

A dozen of them quarreled over the meat in noisy fury.
Кілька з них у гучній люті сварилися через м'ясо.

Buck charged and scattered them like leaves in the wind.
Бак кинувся в атаку та розвіяв їх, немов листя на вітрі.

Two wolves remained behind—silent, lifeless, and unmoving forever.
Два вовки залишилися позаду — мовчазні, безжиттєві та нерухомі назавжди.

The thirst for blood grew stronger than ever.
Жага крові стала сильнішою, ніж будь-коли.

Buck was a hunter, a killer, feeding off living creatures.
Бак був мисливцем, убивцею, який харчувався живими істотами.

He survived alone, relying on his strength and sharp senses.
Він вижив сам, покладаючись на свою силу та гостре чуття.

He thrived in the wild, where only the toughest could live.
Він процвітав у дикій природі, де могли жити лише найвитриваліші.

From this, a great pride rose up and filled Buck's whole being.
Від цього піднялася величезна гордість і сповнила всю істоту Бака.

His pride showed in his every step, in the ripple of every muscle.
Його гордість проявлялася в кожному кроці, у зворушенні кожного м'яза.

His pride was as clear as speech, seen in how he carried himself.
Його гордість була очевидна, як слово, що видно було з того, як він себе поводив.

Even his thick coat looked more majestic and gleamed brighter.
Навіть його густе пальто виглядало величніше та сяяло яскравіше.

Buck could have been mistaken for a giant timber wolf.
Бака могли сплутати з велетенський лісовий вовк.

Except for brown on his muzzle and spots above his eyes.
За винятком коричневого кольору на морді та плям над очима.

And the white streak of fur that ran down the middle of his chest.
І біла смуга хутра, що тягнулася посередині його грудей.

He was even larger than the biggest wolf of that fierce breed.
Він був навіть більший за найбільшого вовка тієї лютої породи.

His father, a St. Bernard, gave him size and heavy frame.
Його батько, сенбернар, дав йому розміри та міцну статуру.

His mother, a shepherd, shaped that bulk into wolf-like form.
Його мати, пастушка, надала цій туші вовкоподібну форму.

He had the long muzzle of a wolf, though heavier and broader.
У нього була довга вовча морда, хоча й важча та ширша.

His head was a wolf's, but built on a massive, majestic scale.
Його голова була вовчою, але масивної, величної статури.

Buck's cunning was the cunning of the wolf and of the wild.
Хитрість Бака була хитрістю вовка та дикої природи.

His intelligence came from both the German Shepherd and St. Bernard.
Його інтелект походив як від німецької вівчарки, так і від сенбернара.

All this, plus harsh experience, made him a fearsome creature.
Все це, плюс суворий досвід, зробило його грізною істотою.

He was as formidable as any beast that roamed the northern wild.
Він був таким же грізним, як і будь-який звір, що бродив північною дикістю.

Living only on meat, Buck reached the full peak of his strength.
Живучи лише м'ясом, Бак досяг повного піку своєї сили.

He overflowed with power and male force in every fiber of him.
Він переповнював силу та чоловічу силу кожною своєю клітиною.

When Thornton stroked his back, the hairs sparked with energy.
Коли Торнтон погладив його по спині, волосся заіскрилося енергією.

Each hair crackled, charged with the touch of living magnetism.
Кожна волосинка потріскувала, заряджена дотиком живого магнетизму.

His body and brain were tuned to the finest possible pitch.
Його тіло і мозок були налаштовані на найтонший можливий звук.

Every nerve, fiber, and muscle worked in perfect harmony.
Кожен нерв, волокно та м'яз працювали в ідеальній гармонії.

To any sound or sight needing action, he responded instantly.
На будь-який звук чи образ, що вимагав дії, він реагував миттєво.

If a husky leaped to attack, Buck could leap twice as fast.

Якби хаскі стрибнув для атаки, Бак міг би стрибнути вдвічі швидше.

He reacted quicker than others could even see or hear.

Він відреагував швидше, ніж інші могли його побачити чи почути.

Perception, decision, and action all came in one fluid moment.

Сприйняття, рішення та дія з'явилися в один плавний момент.

In truth, these acts were separate, but too fast to notice.

Насправді, ці дії були окремими, але надто швидкими, щоб їх помітити.

So brief were the gaps between these acts, they seemed as one.

Проміжки між цими діями були настільки короткими, що вони здавалися одним цілим.

His muscles and being was like tightly coiled springs.

Його м'язи та тіло були схожі на туго натягнуті пружини.

His body surged with life, wild and joyful in its power.

Його тіло вирувало життям, дике та радісне у своїй силі.

At times he felt like the force was going to burst out of him entirely.

Часом йому здавалося, що вся ця сила ось-ось вирветься з нього повністю.

"Never was there such a dog," Thornton said one quiet day.

«Ніколи не було такого собаки», — сказав Торнтон одного тихого дня.

The partners watched Buck striding proudly from the camp.

Партнери спостерігали, як Бак гордо крокував з табору.

"When he was made, he changed what a dog can be," said Pete.

«Коли його створили, він змінив те, ким може бути собака», — сказав Піт.

"By Jesus! I think so myself," Hans quickly agreed.

«Боже мій! Я й сам так думаю», — швидко погодився Ганс.

They saw him march off, but not the change that came after.

Вони бачили, як він відійшов, але не бачили зміни, яка сталася потім.

As soon as he entered the woods, Buck transformed completely.

Щойно Бак увійшов до лісу, він повністю перетворився.

He no longer marched, but moved like a wild ghost among trees.

Він більше не крокував, а рухався, як дикий привид серед дерев.

He became silent, cat-footed, a flicker passing through shadows.

Він замовк, ступаючи, як котячі ноги, немов проблиск крізь тіні.

He used cover with skill, crawling on his belly like a snake.

Він вміло користувався укриттям, повзаючи на животі, як змія.

And like a snake, he could leap forward and strike in silence.

І, як змія, він міг стрибнути вперед і вдарити безшумно.

He could steal a ptarmigan straight from its hidden nest.

Він міг вкрасти куріпку прямо з її захованого гнізда.

He killed sleeping rabbits without a single sound.

Він убивав сплячих кроликів без жодного звуку.

He could catch chipmunks midair as they fled too slowly.

Він міг ловити бурундуків у повітрі, коли ті тікали надто повільно.

Even fish in pools could not escape his sudden strikes.

Навіть риба в калюжах не могла уникнути його раптових ударів.

Not even clever beavers fixing dams were safe from him.

Навіть розумні бобри, що лагодили дамби, не були від нього в безпеці.

He killed for food, not for fun — but liked his own kills best.

Він вбивав заради їжі, а не заради розваги, але найбільше любив власні вбивства.

Still, a sly humor ran through some of his silent hunts.

І все ж, деякі з його мовчазних полювань пронизували лукаві почуття.

He crept up close to squirrels, only to let them escape.

Він підкрався близько до білок, але дав їм втекти.

They were going to flee to the trees, chattering in fearful outrage.

Вони збиралися втекти до дерев, галасуючи від жахливого обурення.

As fall came, moose began to appear in greater numbers.

З настанням осені лосі почали з'являтися у більшій кількості.

They moved slowly into the low valleys to meet the winter.

Вони повільно просувалися в низькі долини, щоб зустріти зиму.

Buck had already brought down one young, stray calf.

Бак уже встиг збити одне молоде, безпритульне теля.

But he longed to face larger, more dangerous prey.

Але він прагнув зіткнутися з більшою, небезпечнішою здобиччю.

One day on the divide, at the creek's head, he found his chance.

Одного дня на вододілі, біля витоків струмка, він знайшов свій шанс.

A herd of twenty moose had crossed from forested lands.

Стадо з двадцяти лосів перейшло з лісистих угідь.

Among them was a mighty bull; the leader of the group.

Серед них був могутній бик; ватажок групи.

The bull stood over six feet tall and looked fierce and wild.

Бик сягав понад шість футів на зріст і виглядав лютим та диким.

He tossed his wide antlers, fourteen points branching outward.

Він розкинув свої широкі роги, чотирнадцять кінчиків яких розгалужувалися назовні.

The tips of those antlers stretched seven feet across.

Кінчики цих рогів простягалися на сім футів завширшки.

His small eyes burned with rage as he spotted Buck nearby.

Його маленькі очі палали люттю, коли він помітив Бака неподалік.

He let out a furious roar, trembling with fury and pain.

Він видав лютий рев, тремтячи від люті та болю.

An arrow-end stuck out near his flank, feathered and sharp.

Біля його бока стирчав кінець стріли, оперений та гострий.

This wound helped explain his savage, bitter mood.

Ця рана допомагала пояснити його дикий, озлоблений настрій.

Buck, guided by ancient hunting instinct, made his move.

Бак, керований давнім мисливським інстинктом, зробив свій хід.

He aimed to separate the bull from the rest of the herd.

Він мав на меті відокремити бика від решти стада.

This was no easy task—it took speed and fierce cunning.

Це було нелегке завдання — потрібні були швидкість і люта хитрість.

He barked and danced near the bull, just out of range.

Він гавкав і танцював біля бика, трохи поза межами досяжності.

The moose lunged with huge hooves and deadly antlers.

Лось кинувся вперед, використовуючи величезні копита та смертоносні роги.

One blow could have ended Buck's life in a heartbeat.

Один удар міг би вмить обірвати життя Бака.

Unable to leave the threat behind, the bull grew mad.

Не в змозі залишити загрозу позаду, бик розлютився.

He charged in fury, but Buck always slipped away.

Він люто кинувся в атаку, але Бак завжди вислизав.

Buck faked weakness, luring him farther from the herd.

Бак удавав слабкість, відманюючи його далі від стада.

But young bulls were going to charge back to protect the leader.

Але молоді бики збиралися кинутися у відповідь, щоб захистити лідера.

They forced Buck to retreat and the bull to rejoin the group.

Вони змусили Бака відступити, а бика — приєднатися до групи.

There is a patience in the wild, deep and unstoppable.
У дикій природі панує терпіння, глибоке та нестримне.

A spider waits motionless in its web for countless hours.
Павук нерухомо чекає у своїй павутині незліченну кількість годин.

A snake coils without twitching, and waits till it is time.
Змія звивається клубком, не сіпаючись, і чекає, поки настане час.

A panther lies in ambush, until the moment arrives.
Пантера чатує в засідці, поки не настане слушний момент.

This is the patience of predators who hunt to survive.
Це терпіння хижаків, які полюють, щоб вижити.

That same patience burned inside Buck as he stayed close.
Те саме терпіння палало в Баку, поки він залишався поруч.

He stayed near the herd, slowing its march and stirring fear.
Він тримався біля стада, уповільнюючи його хід і сіяючи страх.

He teased the young bulls and harassed the mother cows.
Він дражнив молодих биків і переслідував корів-матерей.

He drove the wounded bull into a deeper, helpless rage.
Він довів пораненого бика до ще глибшої, безпорадної люті.

For half a day, the fight dragged on with no rest at all.
Півдня бій тривав без жодної перерви.

Buck attacked from every angle, fast and fierce as wind.
Бак атакував з усіх боків, швидкий і лютий, як вітер.

He kept the bull from resting or hiding with its herd.
Він не давав бику відпочити чи сховатися разом зі своїм табуном.

Buck wore down the moose's will faster than its body.
Бак вимотував волю лося швидше, ніж його тіло.

The day passed and the sun sank low in the northwest sky.
День минув, і сонце низько опустилося на північно-західному небі.

The young bulls returned more slowly to help their leader.

Молоді бики поверталися повільніше, щоб допомогти своєму ватажку.

Fall nights had returned, and darkness now lasted six hours.
Повернулися осінні ночі, і темрява тепер тривала шість годин.

Winter was pressing them downhill into safer, warmer valleys.
Зима тиснула їх униз, у безпечніші, тепліші долини.

But still they couldn't escape the hunter that held them back.
Але вони все ще не могли втекти від мисливця, який їх стримував.

Only one life was at stake—not the herd's, just their leader's.
На кону було лише одне життя — не життя стада, а лише життя їхнього ватажка.

That made the threat distant and not their urgent concern.
Це робило загрозу далекою та не такою, що їх турбувала нагально.

In time, they accepted this cost and let Buck take the old bull.
З часом вони погодилися на цю ціну і дозволили Баку взяти старого бика.

As twilight settled in, the old bull stood with his head down.
Коли сутінки опустилися, старий бик стояв, опустивши голову.

He watched the herd he had led vanish into the fading light.
Він спостерігав, як стадо, яке він очолював, зникає у згасаючому світлі.

There were cows he had known, calves he had once fathered.
Там були корови, яких він знав, телята, яких він колись був батьком.

There were younger bulls he had fought and ruled in past seasons.
Були молодші бики, з якими він бився та правив у минулих сезонах.

He could not follow them—for before him crouched Buck again.

Він не міг іти за ними, бо перед ним знову присів Бак.

The merciless fanged terror blocked every path he might take.

Безжальний ікластий жах перегороджував йому кожен шлях.

The bull weighed more than three hundredweight of dense power.

Бик важив понад три центнери щільної сили.

He had lived long and fought hard in a world of struggle.

Він прожив довго і наполегливо боровся у світі боротьби.

Yet now, at the end, death came from a beast far beneath him.

І все ж тепер, зрештою, смерть прийшла від звіра, який був набагато нижчим за нього.

Buck's head did not even rise to the bull's huge knuckled knees.

Голова Бака навіть не піднялася до величезних, згорблених колін бика.

From that moment on, Buck stayed with the bull night and day.

З того моменту Бак залишався з биком день і ніч.

He never gave him rest, never allowed him to graze or drink.

Він ніколи не давав йому спокою, ніколи не дозволяв пастися чи пити.

The bull tried to eat young birch shoots and willow leaves.

Бик намагався поїсти молоді березові пагони та листя верби.

But Buck drove him off, always alert and always attacking.

Але Бак відігнав його, завжди напоготові та завжди атакуючи.

Even at trickling streams, Buck blocked every thirsty attempt.

Навіть біля струмків, що стікали по дзижчах, Бак блокував кожну спраглу спробу.

Sometimes, in desperation, the bull fled at full speed.

Іноді, у відчаї, бик тікав щодуху.

Buck let him run, loping calmly just behind, never far away.

Бак дозволив йому бігти, він спокійно біг позаду, ніколи не відставав далеко.

When the moose paused, Buck lay down, but stayed ready.
Коли лось зупинився, Бак ліг, але залишився напоготові.

If the bull tried to eat or drink, Buck struck with full fury.
Якщо бик намагався їсти чи пити, Бак ударяв з усією люттю.

The bull's great head sagged lower under its vast antlers.
Величезна голова бика опустилася нижче під його величезними рогами.

His pace slowed, the trot became a heavy; a stumbling walk.
Його крок сповільнився, рись стала важкою; повільна хода.

He often stood still with drooped ears and nose to the ground.
Він часто стояв нерухомо, опустивши вуха та притиснувши носа до землі.

During those moments, Buck took time to drink and rest.
У ці моменти Бак знаходив час, щоб випити та відпочити.

Tongue out, eyes fixed, Buck sensed the land was changing.
Висунувши язика, втупившись у очі, Бак відчув, як змінюється місцевість.

He felt something new moving through the forest and sky.
Він відчув щось нове, що рухалося лісом і небом.

As moose returned, so did other creatures of the wild.
Коли повернулися лосі, повернулися й інші дикі істоти.

The land felt alive with presence, unseen but strongly known.
Земля ожила своєю присутністю, невидима, але водночас дуже відома.

It was not by sound, sight, nor by scent that Buck knew this.
Бак знав це не за звуком, не за зірком, не за запахом.

A deeper sense told him that new forces were on the move.
Глибше відчуття підказувало йому, що рухаються нові сили.

Strange life stirred through the woods and along the streams.
Дивне життя вирувало лісами та вздовж струмків.

He resolved to explore this spirit, after the hunt was complete.
Він вирішив дослідити цього духа після завершення полювання.
On the fourth day, Buck brought down the moose at last.
На четвертий день Бак нарешті збив лося.
He stayed by the kill for a full day and night, feeding and resting.
Він залишався біля здобичі цілий день і ніч, годуючи та відпочиваючи.
He ate, then slept, then ate again, until he was strong and full.
Він їв, потім спав, потім знову їв, доки не зміцнів і не наситився.
When he was ready, he turned back toward camp and Thornton.
Коли він був готовий, він повернувся до табору та Торнтона.
With steady pace, he began the long return journey home.
Рівномірним кроком він розпочав довгу зворотну подорож додому.
He ran in his tireless lope, hour after hour, never once straying.
Він невтомно біг, година за годиною, ні разу не збившись з дороги.
Through unknown lands, he moved straight as a compass needle.
Крізь невідомі землі він рухався прямолінійно, як стрілка компаса.
His sense of direction made man and map seem weak by comparison.
Його відчуття напрямку робило людину та карту слабкими в порівнянні.
As Buck ran, he felt more strongly the stir in the wild land.
Коли Бак біг, він дедалі сильніше відчував ворух у дикій місцевості.

It was a new kind of life, unlike that of the calm summer months.

Це було нове життя, не схоже на життя тихих літніх місяців.

This feeling no longer came as a subtle or distant message.

Це відчуття більше не приходило як ледь помітне чи віддалене послання.

Now the birds spoke of this life, and squirrels chattered about it.

Тепер птахи говорили про це життя, а білки цокали про нього.

Even the breeze whispered warnings through the silent trees.

Навіть вітерець шепотів попередження крізь мовчазні дерева.

Several times he stopped and sniffed the fresh morning air.

Кілька разів він зупинявся і вдихав свіже ранкове повітря.

He read a message there that made him leap forward faster.

Він прочитав там повідомлення, яке змусило його швидше стрибнути вперед.

A heavy sense of danger filled him, as if something had gone wrong.

Його охопило важке відчуття небезпеки, ніби щось пішло не так.

He feared calamity was coming—or had already come.

Він боявся, що лихо наближається — або вже настало.

He crossed the last ridge and entered the valley below.

Він перетнув останній хребет і увійшов у долину внизу.

He moved more slowly, alert and cautious with every step.

Він рухався повільніше, пильніше та обережніше з кожним кроком.

Three miles out he found a fresh trail that made him stiffen.

За три милі він знайшов свіжий слід, який змусив його заціпеніти.

The hair along his neck rippled and bristled in alarm.

Волосся на його шиї стало дибки та хвилястим від тривоги.

The trail led straight toward the camp where Thornton waited.

Стежка вела прямо до табору, де чекав Торнтон.

Buck moved faster now, his stride both silent and swift.

Бак тепер рухався швидше, його кроки були водночас безшумними та швидкими.

His nerves tightened as he read signs others were going to miss.

Його нерви напружилися, коли він побачив ознаки, які інші пропустять.

Each detail in the trail told a story — except the final piece.

Кожна деталь на стежці розповідала історію, окрім останньої.

His nose told him about the life that had passed this way.

Його ніс розповідав йому про життя, що минуло тут.

The scent gave him a changing picture as he followed close behind.

Запах змінював його картину, коли він йшов одразу за ними.

But the forest itself had gone quiet; unnaturally still.

Але сам ліс затих; він був неприродно нерухомий.

Birds had vanished, squirrels were hidden, silent and still.

Птахи зникли, білки сховалися, мовчазні та нерухомі.

He saw only one gray squirrel, flat on a dead tree.

Він побачив лише одну сіру білку, що лежала на мертвому дереві.

The squirrel blended in, stiff and motionless like a part of the forest.

Білка злилася з натовпом, заціпеніла та нерухома, ніби частина лісу.

Buck moved like a shadow, silent and sure through the trees.

Бак рухався, як тінь, безшумно та впевнено, крізь дерева.

His nose jerked sideways as if pulled by an unseen hand.

Його ніс смикнувся вбік, ніби його смикнула невидима рука.

He turned and followed the new scent deep into a thicket.

Він повернувся і пішов за новим запахом глибоко в хащі.

There he found Nig, lying dead, pierced through by an arrow.

Там він знайшов Ніга, що лежав мертвим, пронизаним стрілою.

The shaft passed clear through his body, feathers still showing.

Стріла пройшла крізь його тіло, пір'я все ще було видно.

Nig had dragged himself there, but died before reaching help.

Ніг дотягнувся туди сам, але помер, не дочекавшись допомоги.

A hundred yards farther on, Buck found another sled dog.

За сто ярдів далі Бак знайшов ще одного їздового собаку.

It was a dog that Thornton had bought back in Dawson City.

Це був собака, якого Торнтон купив ще в Доусон-Сіті.

The dog was in a death struggle, thrashing hard on the trail.

Собака щосили бився на стежці, борсаючись на смертельній небезпеці.

Buck passed around him, not stopping, eyes fixed ahead.

Бак обійшов його, не зупиняючись, втупившись уперед.

From the direction of the camp came a distant, rhythmic chant.

З боку табору долинав далекий ритмічний спів.

Voices rose and fell in a strange, eerie, sing-song tone.

Голоси підні малися та стихали дивним, моторошним, співучим тоном.

Buck crawled forward to the edge of the clearing in silence.

Бак мовчки повз до краю галявини.

There he saw Hans lying face-down, pierced with many arrows.

Там він побачив Ганса, що лежав обличчям донизу, пронизаного безліччю стріл.

His body looked like a porcupine, bristling with feathered shafts.

Його тіло було схоже на дикобраза, вкрите пір'ям.

At the same moment, Buck looked toward the ruined lodge.

Тієї ж миті Бак подивився в бік зруйнованої хатини.

The sight made the hair rise stiff on his neck and shoulders.

Від цього видовища волосся стало дибки на його шиї та плечах.

A storm of wild rage swept through Buck's whole body.

Буря дикої люті прокотилася по всьому тілу Бака.

He growled aloud, though he did not know that he had.

Він голосно загарчав, хоча й не знав, що це сталося.

The sound was raw, filled with terrifying, savage fury.

Звук був сирим, сповненим жахливої, дикунської люті.

For the last time in his life, Buck lost reason to emotion.

Востаннє у своєму житті Бак втратив розум для емоцій.

It was love for John Thornton that broke his careful control.

Саме кохання до Джона Торнтона порушило його ретельне самовладання.

The Yeehats were dancing around the wrecked spruce lodge.

Йіхати танцювали навколо зруйнованого ялинового будиночка.

Then came a roar—and an unknown beast charged toward them.

Потім пролунав рев — і невідомий звір кинувся на них.

It was Buck; a fury in motion; a living storm of vengeance.

Це був Бак; лють у русі; жива буря помсти.

He flung himself into their midst, mad with the need to kill.

Він кинувся до них, божевільний від бажання вбивати.

He leapt at the first man, the Yeehat chief, and struck true.

Він стрибнув на першого чоловіка, вождя йехатів, і вдарив прямо в ціль.

His throat was ripped open, and blood spouted in a stream.

Його горло було розірване, і кров хлинула струмком.

Buck did not stop, but tore the next man's throat with one leap.

Бак не зупинився, а одним стрибком розірвав горло наступному чоловікові.

He was unstoppable—ripping, slashing, never pausing to rest.

Він був невпинний — рвів, рубав, ніколи не зупинявся на відпочинок.

He darted and sprang so fast their arrows could not touch him.

Він кинувся та стрибнув так швидко, що їхні стріли не могли його зачепити.

The Yeehats were caught in their own panic and confusion.

Їхати були охоплені власною панікою та розгубленістю.

Their arrows missed Buck and struck one another instead.

Їхні стріли промахнулися невдало, а влучили одна в одну.

One youth threw a spear at Buck and hit another man.

Один юнак кинув спис у Бака та вдарив іншого чоловіка.

The spear drove through his chest, the point punching out his back.

Спис пронизав його груди, вістря вибило спину.

Terror swept over the Yeehats, and they broke into full retreat.

Жах охопив йіхатів, і вони почали повністю відступати.

They screamed of the Evil Spirit and fled into the forest shadows.

Вони закричали, накричавши на Злого Духа, і втекли в лісові тіні.

Truly, Buck was like a demon as he chased the Yeehats down.

Справді, Бак був схожий на демона, коли переслідував Йіхатів.

He tore after them through the forest, bringing them down like deer.

Він мчав за ними крізь ліс, збиваючи їх з ніг, немов оленів.

It became a day of fate and terror for the frightened Yeehats.

Це став день долі та жаху для переляканих йіхатів.

They scattered across the land, fleeing far in every direction.

Вони розбіглися по всій землі, тікаючи в усіх напрямках.

A full week passed before the last survivors met in a valley.

Минув цілий тиждень, перш ніж останні вижили зустрілися в долині.

Only then did they count their losses and speak of what happened.

Тільки тоді вони підрахували свої втрати та розповіли про те, що сталося.

Buck, after tiring of the chase, returned to the ruined camp.

Бак, втомившись від погоні, повернувся до зруйнованого табору.

He found Pete, still in his blankets, killed in the first attack.

Він знайшов Піта, все ще в ковдрах, убитим під час першого нападу.

Signs of Thornton's last struggle were marked in the dirt nearby.

Сліди останньої боротьби Торнтона були позначені на землі неподалік.

Buck followed every trace, sniffing each mark to a final point.

Бак пройшов кожен слід, обнюхуючи кожну позначку до останньої точки.

At the edge of a deep pool, he found faithful Skeet, lying still.

На краю глибокої ставкової затоки він знайшов вірного Скіта, який лежав нерухомо.

Skeet's head and front paws were in the water, unmoving in death.

Голова та передні лапи Скіта були у воді, нерухомі, як смерть.

The pool was muddy and tainted with runoff from the sluice boxes.

Басейн був каламутний і забруднений стоками зі шлюзових коробок.

Its cloudy surface hid what lay beneath, but Buck knew the truth.

Його хмарна поверхня приховувала те, що лежало під нею, але Бак знав правду.

He tracked Thornton's scent into the pool—but the scent led nowhere else.

Він відстежив запах Торнтона аж до басейну, але запах більше нікуди не вів.

There was no scent leading out—only the silence of deep water.

Не було чути жодного запаху — лише тиша глибокої води.

All day Buck stayed near the pool, pacing the camp in grief.

Весь день Бак провів біля ставу, сумуючи табором.

He wandered restlessly or sat in stillness, lost in heavy thought.

Він неспокійно блукав або сидів нерухомо, заглиблений у важкі думки.

He knew death; the ending of life; the vanishing of all motion.

Він знав смерть; кінець життя; зникнення будь-якого руху.

He understood that John Thornton was gone, never to return.

Він розумів, що Джона Торнтона більше немає і він ніколи не повернеться.

The loss left an empty space in him that throbbed like hunger.

Втрата залишила в ньому порожнечу, що пульсувала, немов голод.

But this was a hunger food could not ease, no matter how much he ate.

Але це був голод, який їжа не могла вгамувати, скільки б він не їв.

At times, as he looked at the dead Yeehats, the pain faded.

Часом, коли він дивився на мертвих йіхатів, біль зникав.

And then a strange pride rose inside him, fierce and complete.

І тоді всередині нього піднялася дивна гордість, люта та безмежна.

He had killed man, the highest and most dangerous game of all.

Він убив людину, це була найвища та найнебезпечніша дичина з усіх.

He had killed in defiance of the ancient law of club and fang.

Він убив, порушуючи стародавній закон палиці та ікла.

Buck sniffed their lifeless bodies, curious and thoughtful.
Бак обнюхав їхні безжиттєві тіла, з цікавістю та задумою.

They had died so easily—much easier than a husky in a fight.
Вони померли так легко — набагато легше, ніж хаскі в бійці.

Without their weapons, they had no true strength or threat.
Без зброї вони не мали справжньої сили чи загрози.

Buck was never going to fear them again, unless they were armed.
Бак більше ніколи їх не боятиметься, хіба що вони будуть озброєні.

Only when they carried clubs, spears, or arrows he'd beware.
Він був обережним лише тоді, коли вони носили палиці, списи чи стріли.

Night fell, and a full moon rose high above the tops of the trees.
Настала ніч, і повний місяць зійшов високо над верхівками дерев.

The moon's pale light bathed the land in a soft, ghostly glow like day.
Бліде світло місяця заливало землю м'яким, примарним сяйвом, подібним до денного.

As the night deepened, Buck still mourned by the silent pool.
Коли ніч згущалася, Бак все ще сумував біля мовчазної ставкової затоки.

Then he became aware of a different stirring in the forest.
Потім він почув якийсь інший шепіт у лісі.

The stirring was not from the Yeehats, but from something older and deeper.
Ворушіння йшло не від Йіхатів, а від чогось давнішого та глибшого.

He stood up, ears lifted, nose testing the breeze with care.
Він підвівся, задерши вуха, обережно принюхавшись носом до вітерця.

From far away came a faint, sharp yelp that pierced the silence.

Здалеку долинув слабкий, різкий крик, що прорізав тишу.

Then a chorus of similar cries followed close behind the first.

Потім одразу за першим пролунав хор подібних криків.

The sound drew nearer, growing louder with each passing moment.

Звук наближався, з кожною миттю ставав голоснішим.

Buck knew this cry—it came from that other world in his memory.

Бак знав цей крик — він лунав з того іншого світу в його пам'яті.

He walked to the center of the open space and listened closely.

Він підійшов до центру відкритого простору й уважно прислухався.

The call rang out, many-noted and more powerful than ever.

Дзвінок пролунав, багатоголосний і потужніший, ніж будь-коли.

And now, more than ever before, Buck was ready to answer his calling.

І тепер, як ніколи раніше, Бак був готовий відповісти на своє покликання.

John Thornton was dead, and no tie to man remained within him.

Джон Торнтон помер, і в ньому не залишилося жодного зв'язку з людиною.

Man and all human claims were gone—he was free at last.

Людина і всі людські претензії зникли — він нарешті став вільним.

The wolf pack were chasing meat like the Yeehats once had.

Вовча зграя ганялася за м'ясом, як колись йіхати.

They had followed moose down from the timbered lands.

Вони переслідували лосів з лісистих угідь.

Now, wild and hungry for prey, they crossed into his valley.

Тепер, дикі та спраглі здобичі, вони перейшли в його долину.

Into the moonlit clearing they came, flowing like silver water.

На залиту місячним сяйвом галявину вони вийшли, текучи, немов срібна вода.

Buck stood still in the center, motionless and waiting for them.

Бак стояв нерухомо посеред, чекаючи на них.

His calm, large presence stunned the pack into a brief silence.

Його спокійна, велика присутність приголомшила зграю, і вона на мить змусила її мовчати.

Then the boldest wolf leapt straight at him without hesitation.

Тоді найсміливіший вовк без вагань стрибнув прямо на нього.

Buck struck fast and broke the wolf's neck in a single blow.

Бак завдав швидкого удару та зламав вовкові шию одним ударом.

He stood motionless again as the dying wolf twisted behind him.

Він знову завмер, поки вмираючий вовк виляв позаду нього.

Three more wolves attacked quickly, one after the other.

Ще три вовки швидко напали, один за одним.

Each retreated bleeding, their throats or shoulders slashed.

Кожен відступив, стікаючи кров'ю, з порізаними горлами або плечима.

That was enough to trigger the whole pack into a wild charge.

Цього було достатньо, щоб вся зграя кинулася в шалену атаку.

They rushed in together, too eager and crowded to strike well.

Вони кинулися разом, надто нетерплячі та скупчені, щоб добре вдарити.

Buck's speed and skill allowed him to stay ahead of the attack.
Швидкість та майстерність Бака дозволили йому випередити атаку.

He spun on his hind legs, snapping and striking in all directions.
Він крутився на задніх лапах, клацаючи крилами та б'ючись у всі боки.

To the wolves, this seemed like his defense never opened or faltered.
Вовкам здавалося, що його захист ніколи не відкривався і не хитався.

He turned and slashed so quickly they could not get behind him.
Він розвернувся і замахнувся так швидко, що вони не змогли відійти від нього.

Nonetheless, their numbers forced him to give ground and fall back.
Однак їхня кількість змусила його поступитися та відступити.

He moved past the pool and down into the rocky creek bed.
Він пройшов повз ставок і спустився в кам'янисте русло струмка.

There he came up against a steep bank of gravel and dirt.
Там він натрапив на крутий берег з гравію та землі.

He edged into a corner cut during the miners' old digging.
Він пробрався в кутовий виріз під час старої копальної роботи шахтарів.

Now, protected on three sides, Buck faced only the front wolf.
Тепер, захищений з трьох боків, Бак стояв проти лише переднього вовка.

There, he stood at bay, ready for the next wave of assault.
Там він стояв осторонь, готовий до наступної хвилі штурму.

Buck held his ground so fiercely that the wolves drew back.
Бак так завзято тримався на своєму, що вовки відступили.

After half an hour, they were worn out and visibly defeated.

Через півгодини вони були виснажені та помітно розбиті.

Their tongues hung out, their white fangs gleamed in moonlight.

Їхні язики звисали, а білі ікла блищали у місячному світлі.

Some wolves lay down, heads raised, ears pricked toward Buck.

Кілька вовків лягли, піднявши голови та нашорошивши вуха до Бака.

Others stood still, alert and watching his every move.

Інші стояли нерухомо, пильно стежачи за кожним його рухом.

A few wandered to the pool and lapped up cold water.

Кілька людей підійшли до басейну та напилися холодної води.

Then one long, lean gray wolf crept forward in a gentle way.

Потім один довгий, худий сірий вовк тихо підкрався вперед.

Buck recognized him — it was the wild brother from before.

Бак упізнав його — це був той самий дикий брат з минулого.

The gray wolf whined softly, and Buck replied with a whine.

Сірий вовк тихо заскиглив, і Бак відповів йому скиглинням.

They touched noses, quietly and without threat or fear.

Вони торкнулися носами, тихо, без погрози чи страху.

Next came an older wolf, gaunt and scarred from many battles.

Далі йшов старий вовк, виснажений і пошрамований від численних битв.

Buck started to snarl, but paused and sniffed the old wolf's nose.

Бак почав гарчати, але зупинився і понюхав ніс старого вовка.

The old one sat down, raised his nose, and howled at the moon.

Старий сів, задер носа і завив на місяць.

The rest of the pack sat down and joined in the long howl.

Решта зграї сіла та приєдналася до протяжного виття.

And now the call came to Buck, unmistakable and strong.

І ось поклик пролунав до Бака, безпомилковий і сильний.

He sat down, lifted his head, and howled with the others.

Він сів, підняв голову та завив разом з іншими.

When the howling ended, Buck stepped out of his rocky shelter.

Коли виття закінчилося, Бак вийшов зі свого кам'янистого укриття.

The pack closed in around him, sniffing both kindly and warily.

Зграя оточила його, обнюхуючи його водночас доброзичливо та обережно.

Then the leaders gave the yelp and dashed off into the forest.

Тоді ватажки верещали та кинулися геть у ліс.

The other wolves followed, yelping in chorus, wild and fast in the night.

Інші вовки пішли за ними, гавкаючи хором, дико та швидко вночі.

Buck ran with them, beside his wild brother, howling as he ran.

Бак біг з ними поруч зі своїм диким братом, виючи на бігу.

Here, the story of Buck does well to come to its end.

Тут історія Бака доречно завершується.

In the years that followed, the Yeehats noticed strange wolves.

У наступні роки йіхати помітили дивних вовків.

Some had brown on their heads and muzzles, white on the chest.

Деякі мали коричневе забарвлення на голові та мордочках, біле на грудях.

But even more, they feared a ghostly figure among the wolves.

Але ще більше вони боялися примарної постаті серед вовків.

They spoke in whispers of the Ghost Dog, leader of the pack.

Вони пошепки розмовляли про Собаку-Привида, ватажка зграї.

This Ghost Dog had more cunning than the boldest Yeehat hunter.

Цей Пес-Привид був хитріший, ніж найсміливіший мисливець на йіхатів.

The ghost dog stole from camps in deep winter and tore their traps apart.

Собака-привид крав з таборів глибокої зими та розривав їхні пастки.

The ghost dog killed their dogs and escaped their arrows without a trace.

Собака-привид убив їхніх собак і безслідно уникнув їхніх стріл.

Even their bravest warriors feared to face this wild spirit.

Навіть найхоробріші їхні воїни боялися зіткнутися з цим диким духом.

No, the tale grows darker still, as the years pass in the wild.

Ні, історія стає ще темнішою, з роками, що минають у дикій природі.

Some hunters vanish and never return to their distant camps.

Деякі мисливці зникають і ніколи не повертаються до своїх віддалених таборів.

Others are found with their throats torn open, slain in the snow.

Інших знаходять із розірваним горлом, убитих у снігу.

Around their bodies are tracks—larger than any wolf could make.

Навколо їхніх тіл сліди — більші, ніж міг би залишити будь-який вовк.

Each autumn, Yeehats follow the trail of the moose.

Щоосені Йіхати йдуть слідами лося.

But they avoid one valley with fear carved deep into their hearts.

Але вони уникають однієї долини, бо страх глибоко закарбувався в їхніх серцях.

They say the valley is chosen by the Evil Spirit for his home.

Кажуть, що долину обрав Злий Дух для свого дому.

And when the tale is told, some women weep beside the fire.

І коли цю історію розповідають, деякі жінки плачуть біля вогню.

But in summer, one visitor comes to that quiet, sacred valley.

Але влітку один відвідувач приїжджає до тієї тихої, священної долини.

The Yeehats do not know of him, nor could they understand.

Їхати не знають про нього та й не можуть зрозуміти.

The wolf is a great one, coated in glory, like no other of his kind.

Вовк — великий, укритий славою, не схожий на жодного іншого в своєму роді.

He alone crosses from green timber and enters the forest glade.

Він один переходить через зелений ліс і виходить на лісову галявину.

There, golden dust from moose-hide sacks seeps into the soil.

Там золотий пил з мішків зі шкіри лося просочується в ґрунт.

Grass and old leaves have hidden the yellow from the sun.

Трава та старе листя сховали жовтий колір від сонця.

Here, the wolf stands in silence, thinking and remembering.

Ось вовк стоїть мовчки, думає та згадує.

He howls once—long and mournful—before he turns to go.

Він виє один раз — довго та тужливо — перш ніж повертається, щоб піти.

Yet he is not always alone in the land of cold and snow.

Однак він не завжди один у країні холоду та снігу.

When long winter nights descend on the lower valleys.

Коли довгі зимові ночі опускаються на нижні долини.

When the wolves follow game through moonlight and frost.

Коли вовки переслідують дичину крізь місячне світло та мороз.

Then he runs at the head of the pack, leaping high and wild.

Потім він біжить на чолі зграї, високо та шалено стрибаючи.

His shape towers over the others, his throat alive with song.

Його постать височіє над іншими, а горло ожило від пісні.

It is the song of the younger world, the voice of the pack.

Це пісня молодого світу, голос зграї.

He sings as he runs—strong, free, and forever wild.

Він співає, бігаючи — сильний, вільний і вічно дикий.

www.ingramcontent.com/pod-product-compliance
Lightning Source LLC
Chambersburg PA
CBHW011731020426
42333CB00024B/2844